Konstantin Mascher
MASS HALTEN

www.fontis-verlag.com

Für meine abenteuerlustigen Eltern,

die nicht mehr leben.

Für meine bessere Hälfte, Daniela,

die voll im Leben steht.

Und für meine vier Kinder,

auf die das Leben nur so wartet.

KONSTANTIN MASCHER

MASS HALTEN

MÄNNER, BIER UND BRAUEN. EIN REIFEPROZESS.

Bibliografische Information der Deutschen Nationalbibliothek

Die Deutsche Nationalbibliothek verzeichnet diese Publikation in der
Deutschen Nationalbibliografie; detaillierte bibliografische Daten sind
im Internet über www.dnb.de abrufbar.

Die Bibelstellen wurden, soweit nicht anders angegeben,
folgender Übersetzung entnommen:
Einheitsübersetzung, 1980

Der Fontis-Verlag wird von 2021 bis 2024 vom
Schweizer Bundesamt für Kultur unterstützt.

Umschlag: Carolin Horbank
Fotos Cover: © stock.adobe.com/Gardinovacki; © stock.adobe.com/Milan
Satz: www.caro.graphics – Carolin Horbank
Druck: Finidr
Gedruckt in der Tschechischen Republik

ISBN 978-3-03848-219-2

INHALT

Über den Autor

Konstantin Mascher, Jahrgang 1976, ist Prior der ökumenischen Kommunität «Offensive Junger Christen – OJC». Geboren und aufgewachsen in Südafrika, kam er mit 19 Jahren nach Deutschland. Seit 2004 lebt er mit seiner Frau und vier Kindern in der christlichen Lebensgemeinschaft.

Seit über 15 Jahren braut er mit überschäumender Freude und ungebrochener Leidenschaft sein Bier. Männerthemen haben ihn schon immer begeistert, und noch viel mehr die Brau-Seminare, die er in der OJC-Gemeinschaft und darüber hinaus anbietet.

1

«Ein Schluck Wasser oder Bier vertreibt den Durst,
ein Stück Brot den Hunger, Christus vertreibt den Tod.»

Martin Luther (1483–1546), deutscher Theologe und Reformator

WORUM GEHT'S?

Ich bekenne: Ich liebe den vergorenen Gerstensaft! Dieses Kult- und Kulturgetränk mit gewaltiger Tradition, das – wie wohl kein anderes Getränk – weit in die Menschheitsgeschichte zurückreicht.

Das Bier: ein edles Getränk.
Der Mann: ein edles Geschöpf.
Dieses Buch spricht von beiden.
Und **schließt eine Lücke** zwischen ihnen.

Bier ist eine Kombination aus vier überschaubaren Zutaten: Wasser, Malz, Hopfen und Hefe. Eine optimale Mischung und ein bisschen Erfahrung bilden die Grundlage für ein aromatisch exzellentes Bier, das jedes industriell hergestellte Bier weit in den Schatten stellt.

Der «gute Geschmack» liegt in unseren Händen, und das Handwerk des Bierbrauens ist kein Hexenwerk.

Um Vollmundigkeit geht es nicht nur beim Bier, sondern vor allem auch beim Mann-Sein. Analog zum Bierbrauen gilt: Wer die Zutaten seines Lebens kennt und sie kreativ verarbeitet und integriert, ist auf dem besten Weg, einen «einmaligen Geschmack» zu entwickeln.

Auf dem Weg zum perfekten Bier erklimmen wir in diesem Buch – sozusagen Braustufe um Braustufe – die Höhen der Bierbrauer-Kunst. Schritt um Schritt erkunden wir das Männerherz und stellen uns seinen Herausforderungen. Wer beides kultiviert, geht verändert hervor, gibt sich mit dem Vorherigen nicht mehr zufrieden und gewinnt für beides eine ganz neue Wertschätzung! Deshalb:

Auf das Leben!
Auf das Bier!
Und auf das Mann-Sein!
Prost!

2

DAS REZEPT

DIE MISCHUNG MACHT'S

«Man könnte froh sein, wenn die Luft
so rein wäre wie das Bier.»

Richard Karl Freiherr von Weizsäcker,
ehemaliger Bundespräsident (1920–2015)

Bier schmeckt.
Bier macht Laune.
Bier braucht nur vier Zutaten.
So einfach kann das Leben sein!

In einer einzigartigen Komposition aus Wasser, Malz, Hopfen und Hefe liegt es in unseren Händen, ein nahrhaftes und schmackhaft-einmaliges Bier herzustellen, das nicht nur den eigenen Gaumen beglückt, sondern auch in Gesprächen und unter Freunden für Überraschung sorgt. Was aber gut werden will, braucht Zeit und Hirnschmalz. Anfangs mehr – und mit steigender Erfahrung immer weniger.

GEDANKLICH VORWEGNEHMEN

Was für jedes Handwerk und alle «Arts and Crafts»-Kunst gilt, gilt erst recht für die Braukunst: Das Bier muss man gedanklich vorwegnehmen: Was für ein Biertyp soll am Ende herauskommen? Und welche Zutaten sind vorrätig oder fehlen?

Aller Anfang eines sauguten Bieres ist deshalb ein ordentliches Rezept. Allen Rezepten, die es wie Sand am Meer gibt, ist aber eines gemeinsam: Sie machen Angaben über die Zusammensetzung von Wasser, Malz, Hopfen und Hefe. Wer seinen Horizont erweitern möchte, kann dem Bier alles Mögliche hinzufügen. Schmecken tut's, auch wenn die Hüter des Deutschen Reinheitsgebots die Nase rümpfen.

BRAUWASSER

Das Wasser bleibt der Hauptbestandteil des Bieres, doch Wasser ist nicht gleich Wasser. Das erklärt, warum sich, historisch gesehen, die unterschiedlichen Biersorten auf das jeweils lokal verfügbare Brauwasser zurückführen lassen. Dunkel- oder Schwarzbiere etablierten sich besonders gut in Gegenden, wo das Wasser eine hohe Gesamthärte und Restalkalität hatte. Die Restalkalität charakterisiert das Brauwasser hinsichtlich seiner Einflüsse auf den pH-Wert der Biermaische. Sie beschreibt, was von der säurevernichtenden Wirkung der Carbonate übrigbleibt, wenn die Härtebildner in der Maische reagiert haben.

Waren diese Merkmale jedoch niedrig ausgeprägt, dann harmonierte das Wasser besonders gut mit den untergärigen Lagersorten. Musterbeispiel: das beliebte Pilsbier.

Für die Brauereien ist das heutzutage kein Thema mehr: Wasser wird je nach Bedarf aufbereitet und der gewünschten Biersorte angepasst. Für den Hobbybrauer ist folgende Faustregel relevant: möglichst weich und leicht sauer (maximal 10 dH, pH-Wert ca. 6,5). Im Rahmen der eigenen Brauküche gibt es verschiedene Möglichkeiten, das Wasser für den entsprechenden Bierstil anzupassen – doch das sprengt den Rahmen dieses Buches.

Für uns Brauer in den eigenen vier Wänden gilt generell: Unser Trinkwasser ist so gut, dass es zum Brauen geeignet ist. Es gibt also keine Entschuldigung, mit dem Brauen nicht anzufangen!

Für uns Brauer in den eigenen vier Wänden gilt generell: Unser Trinkwasser ist so gut, dass es zum Brauen geeignet ist. Es gibt also keine Entschuldigung, mit dem Brauen nicht anzufangen!

MALZ

Wenn das Wasser die Leinwand des Bieres ist, dann ist das Malz die Seele des Bieres. Es liefert den Grundstoff für die Gärung, den Geschmack und die Farbe des Bieres. Die Zusammensetzung und die Mengen der unterschiedlichen Malzsorten (im Verhältnis zum Wasser) bestimmen am Ende Alkoholgehalt, Farbintensität und Aroma.

Wenn wir von Malz reden, dann gehen wir in der Regel von Gerstenmalz aus. Als Basismalz bildet es die Grundlage für die meisten Biere. Die zweizeilige Sommergerste eignet sich besonders gut, da sie einen geringen Eiweißgehalt aufweist und eine hohe Enzym-Aktivität gewährleistet, was für die Maische von großer Bedeutung ist.

Basismalze können auch aus anderen Getreidesorten bestehen, wie Weizen, Dinkel, Hafer oder Roggenmalz, wobei sich in den meisten Rezepten das Gerstenmalz als Grundlage bewährt hat.

Wenn das Wasser die Leinwand des Bieres ist,

---

dann ist das Malz die Seele des Bieres

Neben den Basismalzen gibt es die sogenannten Spezialmalze, die dem Bier ein oranges, rötliches, braunes bis sogar schwarzes Farbspektrum verpassen und den Gaumen mit verschiedenen Aromen wie Karamell, Kaffee, Kakao oder Schinkengeschmack entweder beglücken oder beleidigen.

Das Mälzen (Keimung und Darren) überlassen wir als Anfänger der Mälzerei, die aus der Rohfrucht ein exzellentes Malzkorn für den Brauprozess zaubert. Die Auswahl aus über 50 Malzsorten begrenzt und steuert das Rezept.

HOPFEN

Auch wenn es Bier schon seit über 6000 Jahren gibt, ist die Hopfen-beigabe eine relativ neue Sache.[1] Die Babylonier, Sumerer, Assyrer und Ägypter waren schon voll dem vergorenen Getreidesaft verfallen und brauten, was das Zeug hielt. Erst vor Kurzem entdeckten Archäologen die wohl älteste und größte Brauerei jener Zeit in Ägypten. In dieser «Hochleistungsbrauerei» konnten damals schon 22.400 Liter auf ein-mal gebraut werden.[2]

Vor 800 Jahren verdrängte der Hopfen die anderen Kräuterzugaben wie etwa Heidekraut, Ringelblume oder Löwenzahn. Mit dem bayri-schen Reinheitsgebot wurde 1516 der Hopfen endgültig als alleiniger Kräuterzusatz im Bier etabliert und erlaubt.

Inzwischen bereichern über 100 verschiedene Hopfensorten das Bier. Sie geben ihm diesen typischen herb-bitteren Geschmack. Darüber hinaus sind einige Sorten auch für ihr dezentes bis umwerfendes Aroma bekannt: von Grapefruit, Zitrone, Melone bis hin zu würzig-erdigem Kieferholz. Neben dem herrlichen Geschmack verleiht der Hopfen dem Bier Haltbarkeit und Stabilität. Hopfenart, Menge und Kochdauer gibt das Rezept vor.

[1] https://www.br.de/radio/bayern2/sendungen/radiowissen/geschichte/bier-brauen-reinheitsgebot100.html, Stand: 11.04.2021

[2] https://www.zeit.de/wissen/2021-02/aegypten-brauera-archaelogie-fund-aelteste-welt-massenproduktion-bier?utm_referrer=https%3A%2F%2Fwww.google.com

BRAUHEFE

Eines war den Juristen des Reinheitsgebots bei seiner Formulierung unbekannt: die vierte Zutat, nämlich die Hefe. Sie findet im ersten Lebensmittelgebot Deutschlands keine Erwähnung, weil man bis dato dachte, dass die Hefe ein Produkt der vergorenen Würze sei. Trotzdem gelangte sie ins Bier, indem der Brauer die fertige und unvergorene Bierwürze der Umgebungsluft aussetzte, in der zahlreiche wilde Hefen herumschwirrten, sich auf die Würze legten und die Gärung in Gang brachten.

Heute wissen wir deutlich mehr über die Hefe, wie sie wirkt und wie man sie gezielt für ein einzigartiges Bier einsetzen kann. Sie ist vor allem für die Gärung zuständig, indem sie den Zucker in der Würze aufspaltet. Das Ergebnis: benebelnder Alkohol, prickelnde Kohlensäure, eine unglaubliche Bandbreite an Aromen und zahlreiche Gär-Nebenprodukte.

Man unterscheidet grob zwischen ober- und untergärigen Hefen. Die obergärige Hefe arbeitet besonders gut bei wärmeren Temperaturen (zwischen 18 bis 25 °C) und erzeugt fruchtig-aromatische Biere, etwa Weißbier, Altbier, Stout oder die berühmten belgischen Biere. Die untergärige Hefe hingegen arbeitet optimalerweise bei kühleren Temperaturen (zwischen 7 bis 14 °C) und kommt bei den typisch bekannten Bierstilen Pils, Helles und Märzen zum Einsatz.

DAS REZEPT

Braurezepte findet man in der Hobbybrauer-Literatur oder im Internet. Sie geben die sinnvollen Mengen, die Temperaturführung und die Dauer der einzelnen Schritte an. Natürlich sind der eigenen Kreativität keine Grenzen gesetzt. Als Anfänger hält man sich bei den ersten Versuchen jedoch lieber an die empfohlenen Angaben.

Auf der gegenüberliegenden Seite steht ein Rezept für ein aromatisches, fruchtiges rotes Ale. Auf dieses Rezept komme ich im Laufe des Brauprozesses immer wieder zurück.

Die nötigen Rohstoffe – abgesehen vom Wasser – kann man problemlos beim Versandhandel (siehe Anhang) beziehen.

Als Anfänger hält man sich bei den ersten Versuchen lieber an die Angaben.

RED ALE

Menge: 20 Liter | **Stammwürze:** 12 %
Hefe: SafAle S-04 oder andere untergärige Hefe für Ale

MALZ

MALZSORTE	MENGE (IN KG)
Pilsner Malz	1,6
Münchner	2,8
Cara-Amber	0,2
Summe	4,6 kg

MAISCHE

HAUPTGUSS	14 LITER	
Einmaischen	35°C	
1. Rast	55°C	10 min
2. Rast	64°C	40 min
3. Rast	72°C	20 min
Abmaischen	78°C	
NACHGUSS	**18 LITER**	

HOPFEN

HOPFEN	ALPHASÄURE	MENGE	DAUER
Saazer	6 %	60 g	90 min
Cascade	6 %	20 g	10 min vor Kochende

MEIN GESCHMACK?

VON DEN ZUTATEN DES MANN-SEINS

«Wer nicht weiß, wohin er will,
der darf sich nicht wundern,
wenn er ganz woanders ankommt.»

Mark Twain (1835–1910)

Der Volksmund sagt: «Zeit ist Geld.» Der Bierbrauer sagt: «Gutes Bier braucht Zeit» – nicht nur beim Zapfen und beim Genießen, sondern vor allem bei der Herstellung und beim Reifen.

Aller guter Anfang heißt, sich Zeit zu nehmen und zu fragen: «Welchen Geschmack soll mein Bier am Ende haben? Eher malzig-süffig? Oder lieber schlank-herb, kaffeeschwarz oder mandarinen-orange? Soll es obergärig oder untergärig sein?» Diese und weitere Fragen müssen geklärt werden. Das Ziel muss vor Augen sein, und diesem Ziel nach-geordnet suche oder erstelle ich ein passendes Rezept. Eine kurze Inventur der vorhan-denen Zutaten zeigt mir, welche Rohstoffe für einen runden Geschmack zur Verfügung stehen und welche noch fehlen.

Analog zum Bierbrauen ist es mit dem Mann-Sein nicht anders – auch wenn es dafür kein simples Rezept und keine vier einfachen Zutaten gibt. An der Fragestellung ändert sich trotzdem nichts:

In welche Richtung soll sich der «Geschmack» meines Lebens entwickeln?

Was gibt meinem Leben die Fülle, das Aroma und die Spritzigkeit? Welche Zutaten

bestimmen in diesen Monaten gerade den Geschmack meines Lebens, und welche

brauche bzw. wünsche ich darüber hinaus? Wo will ich im Leben ankommen?

Ein gutes Maß wird von vielen unterschiedlichen Zutaten bestimmt, die je nach Mann ganz unterschiedlich sein können. Jeder Mann muss sein eigenes Maß finden, und jeder Mann entwickelt mit und zu seiner Zeit einen eigenen Geschmack. Maßhalten ist eine Kunst – Maßlosigkeit aber verdirbt den guten Geschmack.

Walter gibt uns einen ehrlichen Einblick in sein Leben:

Zur Zeit läuft es bei mir alles andere als rosig. Auf der Arbeit funktioniert das ganz gut, da beherrsche ich die Sache, bin kompetent und kann allen Anforderungen genügen, die an mich gestellt werden.

Übel sieht es im privaten Bereich aus. Da bin ich von Minderwertigkeitsgefühlen geplagt, habe Angst, den Anforderungen als Ehemann und Vater nicht gerecht zu werden. Im Zusammenhang mit Corona freute ich mich anfangs, endlich mal bei dem täglichen Hamsterrad die Bremse ziehen zu können, ohne ein schlechtes Ge-wissen zu haben. Es war mir ganz recht, in keinen Gottesdienst gehen zu müssen, persönliche Feiern und Geburtstage abzusagen.

Daher war es zu Corona-Zeiten entspannter, nicht ständig die kraftraubende Schauspielerei durchziehen zu müssen, und ich fand es ganz okay, ein bisschen isolierter zu sein.

Wie gesagt, meine Arbeit mache ich gerne, da ist Struktur und Sicherheit in meinem Tun, allerdings ist es in der Summe doch auch recht viel. Im privaten und persönlichen Bereich sieht es völlig umgekehrt aus.

Keine fromme Bestandsaufnahme, die man stolz anderen Männern präsentieren würde. Wie fällt meine eigene Bilanz aus? Was macht mein Maß voll? Welche Zutat dominiert in meinem Leben und bestimmt den Geschmack? – Je ehrlicher und nüchterner ich das beobachte und analysiere, desto besser.

In dem Wissen, dass es (fast) unendlich viele Zutaten gibt, soll die folgende Zusammenstellung eine beispielhafte Anregung sein. Einige dieser Zutaten vertiefen und verkosten wir in den kommenden Kapiteln.

Arbeit

Bei vielen Männern nimmt die «Arbeit», ähnlich wie das Wasser als Hauptbestandteil beim Bierbrauen, einen wesentlichen Teil ein. Das ist im Prinzip auch nicht schlecht, doch wie schaut es mit den anderen Zutaten aus? Ohne die deutlich geringeren Anteile an Malz, Hopfen und Hefe schmeckt das Bier nur unzulänglich. Haben die anderen Zutaten des Lebens im eigenen Lebens-Maß noch genug Platz? Denn diesen Platz gibt es nur einmal. Es liegt an uns, ihn sinnvoll zu vergeben.

Ehe und Kinder

Wie ist es um meine Ehe bestellt? Ist sie nur noch am Funktionieren, oder haben Überraschungen, Spannung, Abwechslung und Erotik einen spielerischen und fruchtbaren Platz? Wie ist die Beziehung zu meinen Kindern? Bin ich als Vater ein prägender Teil ihres Lebens, oder habe ich den Draht zu ihnen verloren? Falls ich Großvater bin, wie gestalte ich diese «Zutat»?

Freundschaften

Der bekannte Drehbuchautor des Filmes «Der Pate», Mario Puzo, schreibt: «Selbst der stärkste Mann braucht Freunde.» Wir brauchen Gefährten, die uns verstehen, ermutigen, hinterfragen und mit uns die zweite Meile gehen. Wie steht es um meine Freundschaft zu anderen Männern? Nehme ich mir die nötige Zeit, um sie zu pflegen und sie zu leben?

Muße und Stille

Wie ist es um meine freie Zeit bestellt, in der ich bei mir bin und in der ich zweckfrei eigenen Interessen nachgehen kann? Wie ist es um die Zeiten bestellt, in denen keiner etwas von mir will und in die ich nicht hineinflüchte, sondern die ganz mir zur Verfügung stehen? Zur Muße gehört die Fähigkeit zum Genießen. Das kann Lesen, Bierbrauen, Joggen oder Spazierengehen sein. Oder ein langer Abend am Lagerfeuer – mit einer Pfeife in der einen Hand und einem guten Single-Malt-Whisky in der andern. Am besten etwas, in das ich mich ganz verliere, weil ich Zeit und Raum vergesse!

Leidenschaft

Als Männer brauchen wir etwas, in das wir uns ganz hineingeben können. Etwas, das wir mit ganzer Leidenschaft machen und das mich auch etwas kosten darf. Wofür brenne ich? Gibt es irgendetwas, das in mir zündet, oder bin ich schon verbrannt?

Bruchstellen

In Beziehungen zu leben heißt auch, verletzt zu werden – sei es in der Kindheit, durch die eigenen Eltern, durch fiese Klassenkameraden, demütigende Berufserfahrungen oder Schicksalsschläge. Sie schlagen eine Kerbe in unser Männerherz und gehören zu jedem Leben dazu. Es bleibt eine Kunst, sie anzunehmen und ihnen einen angemessenen Raum zu geben. Wie gehe ich mit dieser eher unangenehmen Zutat um? Darf sie sein, oder verdränge ich sie lieber?

Glauben

Ohne Sinn ist das Leben sinnlos. An was oder wen mache ich mein Herz fest? Ist der Glaube an Jesus Christus eine lebendige und lebenstragende Zutat in meinem Leben? Oder siecht mein Glaube so dahin und macht sich nur noch an äußeren Veranstaltungen fest?

... viele weitere Zutaten

Die Zutaten und deren Kombinationen sind derart unendlich und vielfältig, dass man sie gar nicht alle aufzählen kann. Deshalb:

Erweitere deine eigene Zutatenliste nach Belieben.

Und sei vor allem eins: kreativ!

Die obige Aufstellung ist der Startpunkt für alles Weitere.

MEIN BIER

**Vertiefung
Kapitel 3**

// Jetzt lade ich dich dazu ein, dir in einem
eigenen oder in dem von uns extra
konzipierten Tagebuch «Mein Bier» Zeit zu
nehmen. Denn jetzt geht es um DEIN BIER,
das reifen und einen noch vollmundigeren
Geschmack entwickeln darf.

// Nimm dir Zeit – wie beim Bierbrauen –
und überlege, was die Zutaten deines Lebens
sind, die du dir vielleicht noch wünschst.
Und bringe zu Papier, wo deine Reise als
Mann noch hingehen soll.

// Vielleicht merkst du beim Innehalten,
was dir an deinem Leben schmeckt oder
womöglich auch bitter aufstößt – und was
deine Sehnsucht als Mann ist und beinhaltet.

4

MALZ SCHROTEN: DAS KORN AUFBRECHEN

«Hopfen und Malz, Gott erhalt's.»

Traditioneller Brauerspruch

Ist die Entscheidung für einen bestimmten Biertyp gefallen, das geeignete Rezept ausgedruckt und bezüglich Zutaten alles beieinander, steht dem Bierbrauen eigentlich nichts mehr im Wege. Die Schüttung (verschiedene Malze) wiegen wir nun sorgfältig ab und jagen das Malz durch eine Schrotmühle.

ZUM SCHROTEN

Bevor das Malz zur Maische mit dem Wasser in Berührung kommt, muss es aufgebrochen werden. Nur so kann das Wasser den Inhalt des Malzkorns optimal umspülen und die im Korn enthaltenen Enzyme aktivieren.

Für die ersten Brauversuche lohnt es sich, fertig geschrotetes Malz zu kaufen, was die meisten Verkäufer für Brau-Rohstoffe anbieten. Braumalz sollte man immer trocken, kühl und dunkel lagern und geschrotetes Malz möglichst bald verbrauchen.

Ungeschrotetes Malz ist bei guten Bedingungen für mehrere Monate – und ohne signifikante Qualitätsverluste – lagerfähig. Außerdem ist ungeschrotetes Malz günstiger, und der Kauf von Sackwaren (25 kg) entlastet das Portemonnaie um einiges. Gerade bei Basismalzen (etwa Pilsner, Wiener oder Münchner Malz) lohnt sich der Kauf von ganzen Säcken. Spezialmalze wie Rauch-, Röst- und Färbmalze am besten in geringen Mengen bestellen.

DIE KUNST DES SCHROTENS

Das Schroten ist ein Balanceakt, da das Malzkorn nicht zu fein und nicht zu grob sein darf. Ein zu grobes Mahlgut reduziert die Ausbeute beim Maischen und Läutern. Ist das Malz sehr fein geschrotet, erhöht sich zwar die Ausbeute, doch beim Läutern gerät alles ins Stocken: Die Würze fließt nicht mehr ab, weil die Treberschicht (das ausgelaugte Malzschrot) keine Filterschicht mehr bildet, sondern zu einer verdichteten und undurchlässigen Mehlschicht geworden ist.

Ein gut geschrotetes Malz hat folgende Eigenschaften:

1. Keine ganzen Körner mehr.
2. Das Korn ist aufgebrochen.
3. Der Mehlkörper hat eine Grießgröße von ein bis zwei Millimeter.
4. Die harte Hülse des Gerstenmalzes (Spelzen) bleibt größtenteils erhalten.
5. Möglichst wenig Mehlstaub.

Wer ernsthaft in das Bierbrauen einsteigt, kommt an einer Schrotmühle nicht vorbei. Am besten sind sogenannte Walzenmühlen, die das Korn zerquetschen und nicht zermahlen. Eine Handkurbel braucht Zeit und Manpower, mit einer Bohrmaschine ist eine 4,6 kg Menge für 20 Liter Bier in zwei bis drei Minuten durch.

Walzenmühlen sind insofern von Vorteil, weil sie die Spelzen, die dünne und harte Hülse des Gerstenmalzkornes, zum größten Teil unbeschadet lassen. Die Spelzen lockern die Filterschicht beim Läutern auf und sorgen für eine gute Durchlässigkeit.

UTENSILIEN

 Waage zum Abwiegen der Malze. Alternative: Beim Brauversand abwiegen lassen.

 **Schrotmühle** mit Trichter zum Schroten des Malzes.

 **Kurbel** oder **Bohrmaschine**. Als Anfänger sollte man sich das Malz lieber vom Brauversand schroten lassen.

 Behälter zum Auffangen des Malzes.

 Rohstoffe: Malz

5

VON EIGENEN BRUCHSTELLEN

**«Das Original erkennt man an seinen Brüchen,
die Fälschung an deren Fehlen.»**

Peter Rudl, deutscher Aphoristiker

Ohne Bruch geht gar nichts. Das Korn muss aufbersten, denn im geschlossenen Zustand rückt es seine zahlreichen und wichtigen Inhaltsstoffe nur unfreiwillig und schwerfällig heraus. Ohne diesen Bruch kann das Wasser im nächsten Schritt nicht den kostbaren Rohstoff umspülen und durch die Enzyme die Stärke in eine zentrale Zutat verwandeln, die wir für die Vergärung und den biertypischen Geschmack brauchen: Zucker!

Was hat aber das Aufbrechen des Malzkorns symbolisch mit uns zu tun?

BRUCHSTELLEN

Der Vorgang des Schrotens ist ein Bild für das In-Berührung-Kommen mit den eigenen Bruchstellen im Leben. Wir leben in Beziehungen, und in ihnen passiert auf der einen Seite vom Tag der Geburt an hoffentlich ganz viel Ermutigung, Bestätigung und Stärkung als Fundament für das weitere Leben.

Auf der anderen Seite erleben wir in Beziehungen Brüche, Situationen des Scheiterns und Momente der Ohnmacht. Besonders gravierend sind sie, wenn sie in der Kindheit passieren und unaufgearbeitet unsere Identität prägen.

Wunden und Verletzungen sind Teil unserer Biografie.

Je tiefer sie in der eigenen Seele als Zutat stecken,

umso stärker prägen sie unsere Gegenwart.

Wunden und Verletzungen sind Teil unserer Biografie, ob wir es wollen oder nicht. Sicherlich bei dem Einen mehr und bei dem Anderen weniger. Je tiefer sie in der eigenen Seele als Zutat stecken, umso stärker prägen sie unsere Gegenwart. Um sie nicht zu spüren, verstecken wir sie sorgfältig hinter einer Schale vor uns selbst und vor anderen. Gerade in anstrengenden und überfordernden Alltagssituationen, sei es im Beruf, in der Familie oder in der Gemeinde, ploppen sie unerwartet auf, und uns entgleitet dann jede Form der Kontrolle.

Peter (38) gibt uns einen Einblick in sein Leben:

Ich tat alles, um nicht so zu werden wie mein Vater. Aber als ich selber Kinder hatte, stellte ich fest: Ich bin eigentlich nicht anders. Ich erinnere mich an ein prägendes Ereignis:

Meine Kinder tobten, spielten laut und waren übermütig. Ihre Unbefangenheit und Rücksichtslosigkeit auf die Umwelt (besonders auf mich) triggerten in mir etwas, und ich explodierte. Zugegebenerweise hatte ich einen anstrengenden Tag hinter mir. Ich brüllte sie an, ging wutentbrannt in ein anderes Zimmer und knallte auf dem Weg jede Tür lautstark zu. In meinem Innersten tobte ich vor Wut: «Was erlauben sich diese Gören? Haben sie keinen Respekt?»

Ich fühlte mich dieser Wut so ausgeliefert, und die Erinnerung, dass mein Vater auch so war, machte alles nur noch schlimmer. Tiefe Selbstverachtung und Scham breiteten sich in mir aus. «Ich wollte doch nie so reagieren wie mein Vater!!! Warum passiert das gerade jetzt?!?»

In den folgenden Tagen bin ich der Szene innerlich immer wieder nachgegangen. Ich fragte mich: Warum habe ich nur so bescheuert reagiert? Ich hätte meinen Kindern doch einfach sagen können, dass sie sich ruhiger verhalten sollen, oder ich hätte einfach rausgehen können.

Es dauerte eine Weile, und ich traf auf eine Spur, die in mir eine tiefe Traurigkeit auslöste. Es war der Schmerz, dass ich mit meinem Vater nicht das erleben konnte, was für meine Kinder im Umgang mit mir so selbstverständlich war: gemeinsamer Spaß, Rumtoben und Vertrautheit. Ich hingegen hatte oft Angst vor meinem Vater und sehnte mich danach, mit ihm solche Vater-Kind-Momente zu haben. Das Verhalten der Kinder hat an diesem Schmerz gekratzt. Sie waren nicht die Ursache meines Wutausbruches, sondern nur der Auslöser.

AUS DER OHNMACHT IN DIE VOLLMACHT

Um es an dieser Stelle zu betonen: Zum Brutto-Volumen des Mann-Seins gehören Bruchstellen im Leben dazu – ob ich es will oder nicht! Die alles entscheidende Frage ist, wie ich mit ihnen umgehen will.

Will ich sie angehen?

Bin ich bereit, mir selbst in der Tiefe zu begegnen und mit meinen Kerben in Berührung zu kommen?

Wage ich den Gang in meine eigenen Untiefen hinab, um den eigenen Monstern zu begegnen, sie bewusst anzuschauen und ihnen einen Namen zu geben?

Will ich, dass sie den «Geschmack meines Lebens» so stark prägen?

Und zuletzt: Wer soll Macht über mein Leben haben?

Doch wie beim Bierbrauen gilt: Die Verwandlung kann nur dann gelingen, wenn die Schale aufbricht und vom lebendigen Wasser umspült wird. Das ist im ersten Moment unangenehm; es ist schmerzhaft und mag einem den Boden unter den Füßen wegreißen. Und es ist so etwas von nachvollziehbar, wenn jemand lieber die harte Schale aufrechterhält, aus Angst, dieser Blick in die eigenen Abgründe könnte einen vernichten. Wer wühlt denn gerne und freiwillig in den eigenen Wunden herum?

Der Abstieg in die eigenen Katakomben ist eine Herausforderung und ein Abenteuer (auch wenn es sich nach außen hin leider nicht als spektakuläres Ereignis verkaufen lässt). Und doch ändert sich mit dieser Herausforderung alles.

Nur jene Ungeheuer in meiner Seele, die einen Namen haben und denen ich sozusagen von Angesicht zu Angesicht begegnet bin, verlieren ihre Macht über mein Leben. Manche können wir bezwingen, andere können wir verbannen. Und dann gibt es noch diejenigen, die als Wegbegleiter an unserer Seite bleiben.

Es gibt Bruchstellen, die heilen. Und es gibt Wunden, die bleiben. Entscheidend ist, dass ich sie nicht mehr verstecken muss und ich mich auch vor ihnen nicht mehr verstecke. So werden sie zu einem integrierten Bestandteil meines Lebens. Es ist der Weg aus der Ohnmacht in die Vollmacht, aus der Gefangenschaft in die Freiheit.

BRAU- UND SEELENGEFÄHRTEN

Mann-Sein ist eine Herausforderung. Bierbrauen ebenso. Wer das Brau-Handwerk beherrschen möchte, muss verstehen, womit, warum und wie ein gutes Bier zustande kommt. Geschmackliche Irrtümer und Fehler passieren, und es gilt sie zu erkennen und daraus zu lernen, was man das nächste Mal besser machen kann. Auch dafür braucht es Zeit und Reflexion. Doch noch viel wichtiger: Es braucht einen Braugefährten, den man fragen kann.

Such dir neben einem Braugefährten auch einen Seelengefährten! In die Untiefen sollte und braucht man nicht alleine hinabsteigen. Freunde, Mentoren oder gar ein Seelsorger können im Gespräch und im Gebet wunderbare Wegbegleiter in die Freiheit sein.

MEIN BIER | Vertiefung Kapitel 5

// Über welche Bruchstellen stolpere ich immer wieder?

// Welche Rolle und Macht haben sie in meinem Leben?

// Was passiert mit mir, wenn ich sie anschaue, bei ihnen ausharre und sie wahr sein lasse?

// Wer könnte mein Seelengefährte sein?

6

DIE MAISCHE: DAS HERZSTÜCK

«Zeit macht aus einem Gerstenkorn eine Kanne Bier.»

Aus Lettland

Ohne Maische kein Bier! Sie ist das Herzstück des Brauprozesses und bestimmt, wie vollmundig, süß, schlank oder herb das Bier wird. Während der Maische wandeln Enzyme auf wundersame Weise die unvergärbare Stärke im Malzkorn in Zucker um. Den Zucker brauchen wir wiederum später für die Hefe, die bei der Gärung Alkohol, Kohlensäure und Aromen erzeugt.

DIE ENZYME MACHEN'S

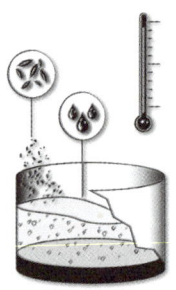

Für die Umwandlung der Stärke in Zucker sind biochemische Katalysatoren verantwortlich, sogenannte Enzyme, die durch Wasser und Hitze aktiviert werden und ganze Arbeit leisten. Sie entstehen beim Mälzen in der Mälzerei und sind somit ohne unser Zutun im Malzkorn vorhanden. Unsere Aufgabe besteht darin, sie beim Maischen durch eine gezielte Temperaturführung zu entfesseln und zu steuern.

ALLGEMEINES ZUM MAISCHEN

Es gibt verschiedene Maischeverfahren, mit allen Vor- und Nachteilen. Seit 15 Jahren mache ich mit dem sogenannten Kessel-Maischverfahren wirklich gute Erfahrungen. Man braucht dazu einen geeigneten Topf und eine Heizquelle. Bei einem 20-Liter-Sud (will heißen: am Ende kommen 20 Liter Bier dabei raus) eignen sich zum Einstieg die klassischen 25-bis-30-Liter-Einkochtöpfe, die meistens bei Mutter oder Oma im Keller oder auf dem Dachboden verstauben. Im Freien eignet sich ein 30-bis-60-Liter-Topf mit einem gasbetriebenen Hockerkocher.

Natürlich lassen sich auch Sude bis etwa 10 Liter mit vorhandenen Utensilien auf dem normalen Herd in der Küche herstellen. Die Frage ist nur, ob sich der Aufwand bei solch kleinen Mengen lohnt.

Beim Maischen unterscheidet man bei der Wasserzugabe zwischen Haupt- und Nachguss. Mit dem Hauptguss (in unserem Rezept sind das 14 Liter) setzt man die Maische an. Der Nachguss kommt nach dem Läutern zum Einsatz und schwemmt den restlichen Zucker aus dem Treber. Dazu füllen wir die im Rezept angegebenen 18 Liter in einen separaten Topf und sehen zu, dass das Wasser bis zum Ende des Maischeprozesses auf 80 °C erhitzt wird.

1. Phase: EINMAISCHEN

In der ersten Phase fügen wir das geschrotete Malz dem Wasser (Hauptguss) zu. Vor dem Einmaischen erhitzen wir den Hauptguss auf 35 °C und fügen erst dann – unter ständigem Rühren – das geschrotete Malz hinzu. Das Rühren verhindert die Klumpenbildung des Malzes und sorgt für eine sorgfältige Umspülung des Malzgranulats mit Wasser.

Die Wasser-Malz-Mischung erhitzen wir nun unter ständigem Rühren auf 55 °C. Das Rühren garantiert eine gleichmäßige Verteilung der Wärme und verhindert ein Anbrennen am Topfboden.

2. Phase: **RASTEN**

Rasten heißt, die Maische bei einer bestimmten Temperatur für eine bestimmte Zeit zu «halten». Rasten tut an dieser Stelle nur der Brauer, die Enzyme hingegen sind in dieser Phase hochaktiv. Mit der Temperaturführung schaffen wir eine ideale Umgebung für unsere Enzyme, die nun die Stärke in Zucker verwandeln. Je nach Temperatur und Dauer animieren wir unterschiedliche Enzyme, unterschiedliche Zuckerarten herzustellen, die ganz wesentlich den Alkoholgehalt, die Vollmundigkeit und die Süffigkeit des Endproduktes beeinflussen.

Unser Ziel ist es, eine ausgewogene Mischung aus leicht- und schwervergärbaren Zuckersubstanzen herzustellen. Leichtvergärbarer Zucker wandelt die Hefe ohne große Probleme in Alkohol und Kohlensäure um. An dem schwervergärbaren Zucker beißt sich die Hefe jedoch förmlich die Zähne aus. Dieser Zucker bleibt auch nach der Gärung im Bier.

Beta-Amylase

Bei einem Temperatur-Optimum zwischen 60 und 65 °C sind die Enzyme, die für die Umwandlung der Stärke in leichtvergärbaren Zucker verantwortlich sind, besonders aktiv. Diese Phase nennt man auch die β-Amylase bzw. «Maltoserast». Wer also ein trockenes, schlankes Bier anstrebt, führt die gesamte Rastdauer in dieser Temperaturstufe durch, bis sich eine Jodnormalität einstellt (siehe rechts).

Bei unserem «Red Ale» sind 40 Minuten angesetzt. Wir messen in regelmäßigen Abständen die Temperatur, heizen gegebenenfalls nach und vergessen dabei das Rühren nicht, um eine durchgängig konstante Temperatur in der ganzen Maische zu gewährleisten.

Nach abgelaufener Zeit erklimmen wir die nächste Temperaturstufe und läuten damit die Alpha-Amylase ein. Wie heißt es so schön: «Probieren geht über Studieren.» Eine Kostprobe ist angesagt! Die Maische schmeckt malzig-süß. Die Enzyme sind am Arbeiten, und wir sind folglich auf einem guten Weg!

Alpha-Amylase

Bei einem Temperatur-Optimum zwischen 70 und 74 °C springen diejenigen Enzyme an, die für die sogenannten schwervergärbaren Zuckersubstanzen sorgen. Diese Zuckermoleküle (Dextrine) kann die Hefe nur schwer bis gar nicht vergären. Diese Rast legt die Enzyme in der vorherigen Stufe, der β-Amylase, lahm und sorgt für eine Restsüße im Bier, die in guter Kombination mit der vorherigen Rast ein vollmundiges Bier erzeugt.

In unserem Fall dürfte auch diese Phase nach 20 Minuten abgeschlossen sein. Bei korrekter Temperaturführung und Einhalten der Dauer müsste die gesamte Stärke in Zucker umgewandelt sein.

Jodprobe: Links Jodprobe positiv = Stärke vorhanden.
Rechts: Jodprobe negativ = Stärke umgewandelt.

Auch hier gilt: «Vertrauen ist gut, Kontrolle ist besser.» Der vollständige Abbau der Stärke lässt sich mit einer «Jodprobe» nachweisen. Dazu entnehmen wir der Maische ungefähr einen Esslöffel der Flüssigkeit und träufeln zwei bis drei Tropfen sogenanntes Brauerjod (im Versandhandel erhältlich) über die Flüssigkeit. Die violett-blaue Färbung ist ein Hinweis auf unverzuckerte Stärke und heißt nichts anderes als: Die Rast um weitere zehn Minuten verlängern. Eine gelblich-hellbraune Färbung bedeutet hingegen Jodnormalität: Die Stärke wurde komplett in Zucker umgewandelt. Wir sind jetzt für die dritte Phase bereit: das Abmaischen!

3. Phase: ABMAISCHEN

Die Maische-Phase ist nun abgeschlossen, und wir bereiten das Abmaischen bzw. Läutern vor. Dazu erhitzen wir die Maische erneut und steuern 78 °C an. Bei diesem Temperatur-Optimum deaktivieren wir auch die Enzyme der Alpha-Amylase. Je wärmer außerdem die Flüssigkeit, desto höher die Fließfähigkeit, was uns beim Läutern einiges erleichtert. Entscheidend ist, diese Temperatur nicht zu überschreiten, da ansonsten Stoffe aus dem Malz gelöst werden, die den Geschmack des Bieres am Ende beeinträchtigen.

Nun füllen wir die gesamte Maische in eine Läutervorrichtung oder einen Läuterbottich um. Die Maische sollte für 10 bis 15 Minuten ruhen (Läuterruhe). Wer einen Siebboden in seinem Maischetopf hat, braucht die Maische nicht umzufüllen und kann direkt zur Läuterruhe übergehen.

Zum jetzigen Zeitpunkt sollte der Nachguss, auch Läuterwasser genannt (in unserem Fall die 18 Liter), eine Temperatur von 80 °C erreicht haben.

UTENSILIEN

 Maischetopf Fassungsvermögen ca. 20 bis 60 Liter;
Ein elektrischer Einkochtopf ist für den Anfang gut.

 Heizquelle Herdplatte, Gas-Hockerkocher etc.;
Im Einkochtopf schon integriert.

 Thermometer
Um die Temperaturführung zu kontrollieren.

 Maischepaddel aus Holz. Oder ein großer Löffel,
der bis zum Boden des Topfes reicht.

 Brauerjod
zum Nachweis der Stärke.

 Messbecher
Um die Wassermengen abzumessen.

 Zeitmesser
Um die Dauer des Rastens einzuhalten.

 Topf für das Läuterwasser
mit entsprechender Heizquelle.

 Läutervorrichtung als Blech mit Löchern oder Schlitzen.
Alternativen: Maischesack, Läuterhexe etc.

 Zutaten: Wasser und geschrotetes Malz

7

IM WARTEN LIEGT DAS GEHEIMNIS

«Zeit bedeutet Leben,
und die Zeit totschlagen ist Mord.»

Abraham J. Heschel,
polnisch-amerikanischer Rabbiner (1907–1972)

Die Maische ist das Herzstück des Brauprozesses. Das erhitzte Wasser umspült das aufgebrochene Malzkorn, und die darin enthaltenen Enzyme wandeln die Stärke in verschiedene Zuckerarten um. Der Brauer kann diesen Prozess nicht beschleunigen. Sein wichtigster Beitrag heißt nun: Geduld haben und warten. Das Wesentliche geschieht jetzt im Verborgenen des Maischekessels – ganz ohne des Brauers Zutun.

Nichts tun – können wir das noch? Wie gehen wir mit Wartezeiten und Leerzeiten um? Darf es sie überhaupt noch geben?

Effizienz, Performance und Management gehören doch zu den prägenden Paradigmen unserer Kultur, die es schließlich zu einer enormen Wirtschaftsleistung gebracht hat. Allein in den letzten fünf Jahrzehnten hat sich die Produktivität verdreifacht, will heißen: Etwas, wofür unsere Eltern noch drei Stunden brauchten, stellen wir heute in einer Stunde her. Ob wir dadurch glücklicher und zufriedener geworden sind, ist eine andere Frage.

So vieles ist auf Leistung ausgerichtet. Das 24/7-Programm hat uns voll im Griff, die ständige Bereitschaft und Verfügbarkeit ist selbstverständlich geworden. In den Leerzeiten greifen wir zum Handy, um noch schnell die Nachrichten zu lesen oder eine E-Mail zu beantworten.

In einer Zeit, in der alles durchgetaktet ist, bildet die Ermutigung zum Warten, Stillsein und Aushalten der unverplanten Leere die reinste Provokation und löst bei manchem Zeitgenossen Angst und Panik aus.

«Wer wartet, den bestraft das Leben» – so könnte man fast meinen. Lieber von tausend Dingen abgelenkt werden und die Zeit mit Action und Unterhaltung totschlagen, als sich den Fragen und Sehnsüchten des eigenen Herzens zu stellen.

Alex (25) erzählt:

Im Rückblick auf die letzten Jahre sehe ich, wie problematisch mein Medien-Umgang gewesen ist, insbesondere in Bezug auf PC und Internet. Heute ist mir schmerzlich bewusst, dass mein Rückzug in die Weiten des Internets, vor allem in Online-Serien und Youtube-Videos, eine Flucht aus einer Welt war, die mich überforderte und in der ich mich meistens fehl am Platz fühlte. Hier war ich von dieser Welt abgeschnitten und konnte meinen Weg selbst bestimmen, mich in unendlichen Weiten und Eindrücken verlieren. Die zahlreichen belastenden Gedanken, Sorgen und Zweifel, die mich in der realen Welt bedrängten, konnten hier durch andere Bilder und Inhalte betäubt und zeitweilig ersetzt werden.

Jedoch erlebte ich im Dezember 2017 eine persönliche Krise, die darin gipfelte, dass ich einige grundlegende Dinge in meinem Leben veränderte. Dazu gehörten auch meine PC- und Internet-Gewohnheiten. Seit dieser Zeit lebe ich mit klaren Zeitfenstern, an denen ich selbst wenig verändern kann, da sie nicht von mir selbst verwaltet werden.

Diese Einschränkungen will ich nicht mehr missen, da sie viele positive Auswirkungen auf mein Leben haben. Besonders starke Nachwirkungen kann ich im Bereich des persönlichen Glaubens und der seelischen Befindlichkeit feststellen. Dadurch, dass mir am Abend weder Computer noch Internet zur Verfügung stehen, hat sich bei mir eine völlig neue Abendroutine entwickelt. Statt mit Serien verbringe ich nun die letzten Stunden des Tages viel mehr mit Lesen und meiner Jesus-Beziehung.

Für mich ist das die wertvollste und kraftvollste Tageszeit geworden. Ich merke, wie ich dadurch innerlich zur Ruhe komme und mich aufgrund dessen auch viel besser auf Gott einlassen kann. Hier generiere ich innere Kraft für die Herausforderungen des nächsten Tages.

Ganz besonders hat mich im letzten Jahr folgender Vers aus Sprüche 4,23 begleitet: «Behüte dein Herz mit allem Fleiß, denn daraus quillt das Leben.» Zu diesem «Behüten» gehört es ganz zentral, der Seele Ruhe zu geben und darauf zu achten, welchen Einflüssen von außen sie ausgesetzt wird. Für mich bedeutet das, dass ich mir überlege, welchen Einflüssen und Reizen ich mich im Internet aussetze und wie lange ich das jeweils tue.

Auch die Beziehung zu Jesus wird davon stark berührt, denn oft begegnet er uns in der Stille, wenn wir uns bewusst und ohne Ablenkung auf ihn ausrichten.

Letztendlich bin ich sehr froh über meine Entscheidung zu diesem neuen «Lebensstil». Es ist eine der bisher prägendsten Entscheidungen meines Lebens – im positiven Sinne. Trotz der vielen Vorteile bleibt es für mich aber auch täglich eine große Herausforderung, in dieser Art zu leben, da ich auch auf einige Bequemlichkeiten verzichten muss und des Öfteren gezwungen bin, umständlichere Wege zu gehen.

AB-LENKUNG

Wohin steuert der Kahn meines Lebens, und was lenkt ihn? Lenkt ihn das eigene Herz? Oder zieht und reißt ihn doch eher die Ablenkung, die allzeit verfügbar ist, wenn es ruhig wird um uns her und alles Müssen und Vollbringen-Wollen des Tages erledigt ist?

Mal eben abschalten, mal eben raus aus der Wirklichkeit, raus aus der Verantwortung und dem ganzen Druck – das ist eine schöne Sache. Das entlastet die gestresste und überforderte Seele. Doch wohin führt mich die Ablenkung?

Kommt ganz darauf an: Ist sie begrenzt, kann sie in einem nächsten Schritt die Ruhe und Erholung einläuten. Ist sie immer da, wenn es mal ruhig wird, ist sie maßlos, betäubt die unangenehmen Seiten des Lebens und lenkt von der wirklichen Erfüllung und der tiefen Befriedung meines Herzens ab.

«Wir amüsieren uns zu Tode», schrieb der bekannte Autor Neil Postman über die Unterhaltungsindustrie und die Medien-Süchte unserer Gesellschaft. Die Zeit dauerhaft totzuschlagen aber bedeutet Mord an der eigenen Seele. Wir ersticken und ersäufen uns selbst in der Ablenkung.

ZUWENDUNG

Der Brauprozess zeigt uns anschaulich: Gut Ding will Weile haben. Die Enzyme brauchen Zeit, damit aus Stärke Zucker wird.

Unsere Männerherzen brauchen auch Zeiten des Nichtstuns, sie wirken wie ein Katalysator für die Enzyme unserer Seele. Im Warten und Aushalten kommen wir uns selbst, unseren Bedürfnissen, unserer Sehnsucht – und ja, auch unserer Unzufriedenheit – näher. Wer sich näher kommt, ist bei sich selbst und bleibt lebendig.

In der Ruhe verkosten wir, was uns ausmacht und was wir wollen. Es mit sich selbst aushalten heißt: mit sich ins Reine kommen. Es mit sich selbst aushalten heißt: einen Raum für Gott öffnen. Die kleine jiddische Anekdote bringt es auf den Punkt:

Rabbi Mendel von Kork überraschte einst einige gelehrte Männer, die bei ihm zu Gast waren, mit der Frage: «Wo wohnt Gott?» Sie lachten über ihn: «Wie redet Ihr! Ist doch die Welt seiner Herrlichkeit voll!» Er aber beantwortete die eigene Frage: «Gott wohnt, wo man ihn einlässt.»[3]

Das ist es, worauf es letzten Endes ankommt: Gott einlassen. Man kann ihn aber nur da einlassen, wo man steht, wo man wirklich steht; da, wo man lebt, wo man ein wahres Leben lebt. Wer sich diesen Stillezeiten aussetzt, wird verwandelt. Garantiert!

[3] Martin Buber, S. 56

MEIN BIER | Vertiefung Kapitel 7

// Stille kostet nichts. Sie nicht zu halten, sie nicht auszuhalten, kostet hingegen sehr viel, nämlich ein zufriedenes Herz.

// Die Stille wartet jederzeit auf uns. Lass dich auf sie ein. Fange mit zehn Minuten an – täglich.

// Suche einen Ort der Ruhe.

// Setz dich hin.

// Und warte.

// Schau, was in dir auftaucht und was deine Seele dir sagen möchte.

// Schreib deine Gedanken auf und erkenne dich selbst.

// Die Stille und die Einsamkeit sind wie das Enzym im Maischeprozess: Wir werden verwandelt!

8

LÄUTERN:
DAS GUTE BEHALTEN

«Männer haben auch Gefühle.
Durst zum Beispiel.»

Volksweisheit

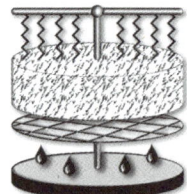

Die Grundlage für ein gutes Bier ist gelegt: Die Stärke, die im Bier nichts zu suchen hat, ist nun gebrauchsfertig in Zucker und Aromen verwandelt. Als gelöste Form schwimmen diese Elemente in der Flüssigkeit (Würze) oder stecken teilweise noch im ausgelaugten Malzkorn (Fachbegriff: Treber) fest. Den Treber als festen Bestandteil brauchen wir nicht mehr – die flüssigen Komponenten hingegen schon.

Abschiednehmen ist jetzt angesagt, und mit dem Läutern vollziehen wir die überfällige Trennung: Wir sondern die festen Bestandteile von den flüssigen Teilen ab und schwemmen den restlichen Zucker aus dem ausgelaugten Malz.

In der Hobbybrauer-Szene etablierten sich verschiedene Methoden: Maischesack, Läuterhexe, geschlitzte Kupferrohre oder ein Senkboden mit feinen Löchern oder Schlitzen. Sie halten den Treber zurück, und die Würze kann im Idealfall abfließen. Der Treber mit den gut erhaltenden Spelzen leistet hierbei die eigentliche Funktion: Er filtriert die Würze, und beim Ablaufen entsteht eine klare Flüssigkeit.

1. Schritt:

VORDERWÜRZE KLÄREN

Sobald sich die Maische in der Läutervorrichtung abgesetzt hat (Läuterruhe), öffnen wir den Ablaufhahn, der sich unterhalb des Siebbodens oder des Maischesacks befindet. Die erste Flüssigkeit (auch «Vorlauf» genannt) ist zunächst trüb, und wir gießen sie einfach vorsichtig wieder zurück in den Läutertopf. Diesen Vorgang wiederholen wir so oft, bis eine klare Vorderwürze aus dem Hahn tritt.

2. Schritt:

VORDERWÜRZE SAMMELN

Die klare Würze sammeln und erhitzen wir nun in einem beheizbaren Topf.

3. Schritt:

NACHGUSS

Sobald die Treber-Oberfläche «trocken» ist, also nicht mehr in der Würze schwimmt, kommt der auf 80 °C erhitzte Nachguss ins Spiel. Er soll die restliche und zurückgebliebene Würze (Zucker und Aromen) aus dem Malzkorn spülen.

Wir schließen den Ablaufhahn der Läutervorrichtung und gießen ein Drittel des Nachgusses über den Treber («anschwänzen»). Dabei achten wir darauf, dass der Nachguss gleichmäßig verteilt und über dem Treber besprenkelt wird, indem wir das Wasser über einen Schaumlöffel oder eine Lochkelle gießen.

Der Nachguss ruht nun für 5 bis 10 Minuten im Treber und wird anschließend über den Ablaufhahn in den Topf mit der Vorderwürze abgelassen. Diesen Vorgang wiederholen wir, bis das Nachgusswasser aufgebraucht ist.

Im Hohlraum zwischen der Filtervorrichtung und dem Bottichboden befindet sich auch noch wertvolle Würze, die man durch vorsichtiges Kippen der Läutervorrichtung ernten kann.

LÄUTERPROBLEME GIBT ES ANFANGS (FAST) IMMER

Bei den ersten Brauversuchen treten hier meistens die ersten Probleme auf. Es kann vorkommen, dass der Läutervorgang nur sehr stockend vorankommt oder sogar zum Erliegen kommt. Die Würze fließt dann nur sehr langsam ab, oder es fließt gar nichts mehr. Das kann verschiedene Ursachen haben, die in einer unbedachten Vorarbeit liegen:

1. Das Malz wurde zu fein geschrotet

Es kann sich keine wirkliche Filterschicht aufbauen, weil die Partikel zu fein gemahlen wurden; es entsteht eine undurchlässige «Mehlschicht». Ein zu feines Mahlen zerstört darüber hinaus die notwendigen Spelzen. Sie lockern die Treberschicht auf und unterstützen eine durchlässige Filterschicht.

2. Ohne Spelzen geht gar nichts

Damit der Läutervorgang flüssig abläuft, berücksichtigt die Rezeptur immer einen Mindestanteil von 40 bis 50 % Malzen mit Spelzen. Gerstenmalz ist zum Beispiel reich an Spelzen und bildet eine gute Grundlage. Zu den spelzenlosen Getreidearten gehören unter anderem Weizen (für das Weizenbier), Roggen, Hafer und Dinkel. Aus diesem Grund wird beispielsweise ein Weizenbier nicht ausschließlich mit Weizenmalz gebraut. In unserem «Red Ale»-Rezept verwenden wir ausschließlich Gerstenmalz.

3. Ungeeignetes Equipment

Bei meinen ersten Brauvorgängen spannte ich einfachheitshalber eine Stoffwindel über einen Topf und kippte die Maische über diese Vorrichtung. Es dauerte nicht lange, und die Stoffwindel verklebte; schon bald lief gar nichts mehr. Aufgrund dieses Fehlers kapierte ich folgendes Prinzip: Die Läutervorrichtung sollte selber nicht filtern, das verrichtet stattdessen die darüber liegende Treberschicht. Das Läutergewebe oder der Siebboden haben die Aufgabe, den Treber nur zurückzuhalten und alles Weitere durchzulassen – auch die feinen Partikel, die am Anfang durchfließen. Sie werden beim Aufbau der Filterschicht nach und nach zurückgehalten.

4. Roggen und Co.

Es gibt Malze mit einem hohen Anteil an sogenannten Glucanasen (Gummistoffen). Bei einem Brau-Seminar braute ich zum ersten Mal ein Roggenbier. Die Schüttung und Schrotung war perfekt, die Läutervorrichtung hatte sich mehrfach bewährt – und trotzdem geriet die Läuterung nach wenigen Litern komplett ins Stocken. Es ging gar nichts mehr, und das vor allen Seminar-Teilnehmern! Peinlich hoch drei!

Nach einigen Recherchen stellte sich heraus, dass Roggen einen sehr hohen Anteil an besagten Glucanasen hat, die die Zähflüssigkeit deutlich erhöhen. Eine gezielte Sonder-Rast des Roggenmalzes bei 35 °C baut die läuterfeindlichen Verbindungen ab und behebt das Problem.

5. Alles zu kühl

Grundsätzlich gilt: Je wärmer die Würze, umso besser fließt sie ab. Je kühler sie jedoch ist, umso höher die Viskosität (Dickflüssigkeit) – und umso langsamer läuft die Würze ab. Hier hilft nur ein ordentliches Temperatur-Management.

6. Es läuft davon

Ein Läutervorgang bei einem 20-Liter-Sud dauert in der Regel zwischen 30 bis 60 Minuten – je nach Läutervorrichtung. Ein zu schnelles Abfließen der Würze deutet darauf hin, dass a) das Malz zu grob geschrotet wurde oder dass es b) zu einer Kanalbildung im Treber kommt. Die «Ausbeute» fällt dadurch geringer aus – was angesichts der Mühe und der eingesetzten Rohstoffe doch schade wäre.

Einer Kanalbildung kann man vorbeugen, indem man darauf achtet, das Wasser gleichmäßig über die Treberschicht zu träufeln. Ein Durchmischen der oberen Hälfte der Treberschicht mit einer Lochkelle wirkt auch Wunder. Dadurch bleibt die untere Filterschicht im Treber erhalten.

7. Zur Not

Sollte die Läuterung stocken, kann man versuchen, den Treber in regelmäßigen Abständen aufzulockern. Das ist zwar suboptimal, weil die Filterschicht zerstört wird, aber besser als gar nichts.

Fazit:

Läutern braucht Übung, und die Fehler

der vorherigen Schritte sowie ungeeignete

Braugeräte machen sich hier bemerkbar.

UTENSILIEN

 **Läuterbottich** aus Kunststoff mit einem Ablasshahn oberhalb des Bodens.

 Läutervorrichtung als Blech mit Löchern oder Schlitzen. Alternativen: Maischesack, Läuterhexe etc.

 Topf zum Auffangen der Würze und als Vorbereitung für das Hopfenkochen. Fassungsvermögen je nach Sud etwa 20 bis 60 Liter. Hier bietet sich der Topf an, der für die Maische verwendet wurde. Ein elektrischer Einkochtopf ist für den Anfang gut.

 Heizquelle: Herdplatte, Gas-Hockerkocher etc. Im Einkochtopf schon integriert.

 Schaumlöffel

 Zutaten: 80 °C heißes Nachgusswasser

9

DAS LEBEN WÄCHST BEI JA UND BEI NEIN

«Gesundes Leben heißt sich entscheiden,
heißt Abschiede leben,
heißt sich in seinen Grenzen verwirklichen.»

Alex Lefrank, Exerzitienmeister

Das Warten hat sich gelohnt! Die Stärke im Malzkorn ist in Zucker umgewandelt, und jetzt ist die Zeit reif, die wertvolle Würze von den überflüssigen Bestandteilen zu trennen und weiter zu verarbeiten. Läutern heißt trennen, heißt unterscheiden. Das ausgelaugte Malzkorn scheidet nun aus dem weiteren Brauprozess aus und erfüllt keinen Sinn mehr.

UNTERSCHIED MACHEN

Vom Sinn und Unsinn steht in Büchern viel geschrieben. Entscheidend ist doch, was unserem Leben Bedeutung und Richtung verleiht. Ist der Sinn nicht jene Zutat, die das Leben lebenswert macht, die uns Richtung, Leidenschaft, Motivation und Durchhaltevermögen selbst in schwierigen Zeiten gibt? Beantwortet sie nicht die spannende Frage: Wozu lebe ich eigentlich, und was gibt meinem Leben den Grund?

Zugespitzt und provokativ könnte man auch so fragen: «Wozu lebst du noch, wenn du nicht weißt, wofür du sterben würdest?»

Die Läuterphase ist die Einladung an uns, selber in eine eigene Läuterung zu kommen und zu unterscheiden, was unserem Leben Fülle gibt, was überflüssig ist oder sich gar schädlich auf uns auswirkt.

ABSAGE AN DIE BEQUEMLICHKEIT

Zugegeben, es ist bequemer, im womöglich Möglichen, also im «Jein», einfach stecken zu bleiben und dort wartend zu verweilen, anstatt sich zu einem beherzten Ja oder Nein durchzuringen. Entscheidungen sind riskant, gerade wenn sie mit weitreichenden Konsequenzen verbunden sind oder man die Folgen nicht wirklich abschätzen kann.

Was tun? Warten, bis andere Menschen oder die Umstände über meine Situation entscheiden? Ist das wirklich die Alternative? Will ich warten, bis der Job mein Leben ruiniert?

Mutig entscheiden heißt lebendig bleiben und ist Ausdruck eines bewusst gelebten Lebens. Aktiv getroffene Entscheidungen sind Ausdruck jener Freiheit, die uns zugesprochen ist. Der Entscheider lässt nicht über sich entscheiden, sondern ist und bleibt der Gestalter seiner Umstände. Oder wie es der englische Dichter William E. Henley dichtete:

«Ich bin der Meister meines Los'.

Ich bin der Käpt'n meiner Seel.»

FEHLER – DIE BESTEN LEHRMEISTER

Und was, wenn es daneben geht? «Shit happens», wird gesagt, oder wie andere es weise formulieren: «Kacke erzeugt hervorragenden Dünger!» Die Wahrheit ist: Selbst bei der besten Planung, selbst bei umwerfend intakter Motivation und reinsten Absichten bleibt das Leben unberechenbar.

Rückschläge und Fehlermachen sind Teil des Deals. Sie gehören zum Lebenspaket dazu und mögen uns kurzfristig aus der Bahn werfen. Aus der Schockstarre und Ohnmacht kommen wir nur wieder raus, wenn wir sie als die besten Lehrmeister akzeptieren, nach dem Scheitern aufstehen, es noch einmal probieren und vielleicht einen anderen Kurs einschlagen, um das ersehnte Ziel zu erreichen.

IN DEN GRENZEN VERWIRKLICHEN

Was ist mit den Grenzen, die einfach nicht zu überwinden sind? Was ist mit den Vorentscheidungen, die andere Leute oder ich selbst zu einem früheren Zeitpunkt getroffen haben und die nun nicht mehr zu ändern sind?

Die entscheidende Frage ist, wie ich damit umgehe und welche Einstellung ich zu ihnen habe. Der Blogger Mark Manson schreibt: «Wenn wir unsere Grenzen kennen und akzeptieren, dann ist das eine Quelle der Kraft und der Vollmacht.» Grenzen ausblenden, sie nicht wahrhaben wollen, begrenzt uns, weil wir uns ständig daran stoßen.

Viktor E. Frankl hat es anders gemacht. Als Psychologe erlebte und durchlitt er wegen seiner jüdischen Herkunft die Konzentrationslager in Theresienstadt, Auschwitz und Türkheim, und seine Erfahrungen sind ein Zeugnis der Hoffnung und der Freiheit – und das trotz Gefangenschaft. Seine Grundüberzeugung lautet:

Wie groß die äußere Einschränkung auch sein mag, es gibt immer einen Gestaltungsraum, egal, wie eng der äußere Rahmen um uns geworden ist. Wir haben immer eine Wahl, egal, wie mies oder bescheuert die Umstände auch sind! Selbst wenn wir an unserer Situation nichts mehr ändern können: Unsere Einstellung zur Situation können wir immer ändern. Es geht darum, sich nicht mehr mit scheinbar ausweglosen Situationen einfach passiv abzufinden, sondern sie im Rahmen meiner Möglichkeiten zu gestalten und zu verändern. Und wenn ich schon die Umstände nicht ändern kann, habe ich doch die Möglichkeit, meine Einstellung zu ändern. Das ändert manchmal alles!

> Wenn wir unsere Grenzen kennen und akzeptieren, dann ist das eine Quelle der Kraft und der Vollmacht.

Weil Frankl ein Ja zu den von außen gesteckten Grenzen gefunden hatte, war er am Ende freier als die Nazi-Aufseher im Konzentrationslager. Er blickte weiter als bis zu den Grenzen seiner Unterdrücker und versuchte, den Sinn in seiner Erfahrung zu verstehen. Als er die Bedeutung und den Sinn – trotz schrecklichster Umstände – gefunden hatte, konnte er mit einer neuen Freiheit damit umgehen.

Das ist starker Tobak und doch vom Kern her so befreiend. Grenzen begrenzen, ja – und doch liegt in ihnen eine unglaubliche Chance. Reich und frei ist, wer trotz aller Widerwärtigkeiten und selbst in den bescheuertsten Umständen ein Ja findet!

DU SOLLST LEBEN

«Ihr sollt leben» – das ist der Imperativ des wohl entscheidungsfreudigsten Mannes, den es im Himmel und auf Erden jemals gegeben hat. Jesus Christus machte einen Unterschied in dieser Welt, wie kein Mensch vor oder nach ihm. Sein tiefster Wunsch ist es, dass wir leben, dass wir lebendig bleiben und lebensförderliche Entscheidungen treffen.

LEITFADEN FÜR ENTSCHEIDUNGEN

Für die Herstellung des Bieres gibt es Handbücher, Rezepte und praktische Tipps. Für die Entscheidungen in unserem Leben gibt es einen guten Leitfaden aus der ignatianischen Spiritualität⁴. Wie die Filterschicht
beim Treber, so hilft auch dieser Leitfaden, unsere Fragen, Gedanken
und Wünsche zu läutern.

1. Entscheidungen sind unausweichlich

Wenn ich mich nicht entscheide, wird über mich entschieden.

2. Gemeinsamkeit und Einsamkeit

Bei Entscheidungen sind die Menschen zu berücksichtigen, die davon
betroffen sind. In der Entscheidungsfindung kann und soll die Hilfe der
Mitmenschen in Anspruch genommen werden. Im Letzten aber wird
jede Entscheidung nach dem eigenen Gewissensurteil zu treffen sein
und muss selbst verantwortet werden.

3. Der Kairos für eine Entscheidung

Es gibt eine optimale Zeit, aber auch eine Unzeit für eine Entscheidung.
Ist die Zeit noch nicht reif, kann es notwendig sein, vorübergehend das
Nicht-Entscheiden zu wählen und dafür Sorge zu tragen, dass sich die
Entscheidungs-Voraussetzungen verbessern.

4. Jede Entscheidung ist eine Scheidung

Wenn ich das eine wähle, muss ich auf das andere verzichten; wenn ich
zum einen Ja sage, muss ich zum anderen Nein sagen.

5. Sich für das Bessere entscheiden

Es ist wesentlich, dass ich mich für das Bessere entscheide, nicht allein
nur für das Gute – denn vieles ist gut. Die Entscheidungsfrage spitzt
sich erst zu, wenn ich frage: «Was ist besser?»

6. Das übergeordnete Ziel im Auge behalten

Erst im Zusammenhang mit dem übergeordneten Ziel lässt sich beurteilen, was besser ist.

7. Den fraglichen Punkt genau bestimmen

Es ist wichtig, dass in einem Entscheidungsvorgang die Alternativen klar voneinander abgesetzt und gegeneinander abgewogen werden. Und dass der fragliche Punkt genau bestimmt ist. Bleibt er diffus, ist eine saubere Entscheidung nicht möglich. Dazu bedarf es der Offenheit und der Bereitschaft für das eine oder für das andere.

8. Sich für das Mögliche entscheiden

Sich für das Mögliche und Machbare zu entscheiden, kann auch heißen, sich als nächsten Schritt für das geringere Übel zu entscheiden.

9. Die Konsequenzen bedenken

Was folgt daraus für mich, was folgt daraus für andere? Was ist zu tun? Wer tut was, wenn das Entschiedene dann durchgeführt wird?

10. Konkret und überprüfbar

Entscheidungen sollen konkret und ihre Ausführungen überprüfbar sein. Es ist hilfreich, eine Erfolgskontrolle vorzusehen und einen Zeitpunkt für die Überprüfung zu bestimmen.

11. Eine getroffene Entscheidung ist verbindlich

Es kann sein, dass neue Umstände eine neue Entscheidung notwendig machen. Das soll dann eigens überprüft und festgestellt werden. Nicht hilfreich ist es, wenn Entscheidungen sich unreflektiert ändern oder in Vergessenheit geraten.

12. Vieles ist vorentschieden

So vieles ist tatsächlich schon vorentschieden. Die Frage ist, wie ich damit umgehe. Es wird für mich persönlich dann ergiebig und zum Plus werden, wenn ich mich bewusst dafür entscheide und es annehme.

⁴ Leitfaden für eine gute Entscheidung – Auf der Grundlage von Ignatianischen Exerzitien. In: Dominik Klenk (Hg.): Berufung. Aufs Ganze gehen. Brunnen Verlag Gießen, 2010. S. 128-130

MEIN BIER | Vertiefung Kapitel 9

Nimm dir Zeit und stelle dir ehrliche Fragen:

// Lebe ich das Leben, das ich mir vorgestellt habe?

// Welche Bereiche meines Lebens sind unklar?

// Welche Bereiche sind widersprüchlich?

// Und welche Bereiche bedürfen der Läuterung?

// Wo drücke ich mich vor einer wichtigen Entscheidung?

// Schreibe deine Gedanken auf und
lass dich überraschen!

10

DER HOPFEN: ES MUSS KOCHEN

«Bier wird aus Hopfen gemacht,
und Hopfen ist eine Pflanze.
Also ist Bier eigentlich eine Art von Salat.»

Unbekannt

Nun folgt die dritte elementare Zutat beim Bier, der Hopfen – die Seele im Bier. Auch als «Humulus lupulus» (lat.) bekannt, ist dieses Gewächs botanisch gesehen eine Hanfpflanze, die zwischen 6 bis 8 Meter hoch wächst. Die Bitterstoffe und Aromen in den Hopfendolden machen das Bier einzigartig und geben ihm einen angenehmen bis krass herben Geschmack. Wer Hopfen richtig einsetzt, kann ihm unglaubliche Aromen entlocken, die man niemals im Bier vermuten würde.

Darüber hinaus erhöht Hopfen die Haltbarkeit des Bieres und wirkt sich positiv auf die Schaumbildung aus. Nicht nur dem Bier tut er gut, sondern auch dem Genießer. Das Hopfenkraut im Bier schmeckt, wirkt beruhigend auf den menschlichen Körper und fördert den Stoffwechsel.

Ist doch klar: Bier ist gesund!

BITTER- UND AROMAHOPFEN

Generell unterteilt man Hopfen in Bitter- und Aromahopfen. Die Einteilung spiegelt den Alpha-Säuregehalt (Bitterkeit) wider, der in Prozent dargestellt wird. Hopfen mit einem Alphasäuregehalt höher als 10 % bezeichnet man als Bitterhopfen, jenen mit unter 10 % als Aromahopfen.

Verkauft wird diese Zutat als frischer oder getrockneter Doldenhopfen, als gepresste Hopfenpellets, als flüssiger Hopfen-Extrakt, Iso-Hopfen oder Hopfenöl. Für den Hobbybrauer sind Hopfenpellets in Sachen Dosierbarkeit, Lagerung und Handhabung einfach und praktikabel. Sollte eine Sorte nicht verfügbar sein, bietet der Versandhandel geeignete Alternativsorten an.

Darüber hinaus schwankt der Alphasäurewert des Hopfens mit jeder Ernte. Sollte der gekaufte Hopfen einen höheren oder niedrigeren Säurewert aufweisen als der im Rezept angegebene Hopfen, berechnet man mit einem einfachen Dreisatz die neue Menge.

DILEMMA: AROMA ODER BITTERKEIT?

Um das eine zu bekommen, muss man auf das andere verzichten: Je länger Hopfen kocht, desto mehr Bitterkeit lässt sich extrahieren. Gleichzeitig werden beim Kochen die Hopfenöle, die für ein einzigartiges Aroma sorgen, ausgetrieben. Wird der Hopfen nur kurz gekocht bzw. am Ende des Hopfenkochens hinzugefügt, bleiben die Hopfenöle in der Würze, die Bitterkeit bleibt dabei auf der Strecke.

Wer Bitterkeit UND Aroma haben möchte, löst das Dilemma mit Hopfenbeigaben zu unterschiedlichen Zeitpunkten im Rahmen des Hopfenkochens: Zu Beginn des Hopfenkochens gibt man den Hopfenanteil hinzu, der vor allem für die Bitterkeit sorgt. Am Ende des Hopfenkochens fügt man den Hopfenanteil hinzu, der für eine ganze Bandbreite an Aromen sorgt. Eine weitere Möglichkeit bietet das sogenannte Hopfenstopfen: Den Aromahopfen fügt man beim Gärprozess der Flüssigkeit hinzu.

Die Menge und der Zeitpunkt der Zugabe beim Hopfenkochen entscheiden also über die Ausnutzung der Bitterkeit und die Steuerung des Aromas. An unserem «Red Ale»-Rezept wird diese Kombination sichtbar: Den Saazer Hopfen mit einem Alphasäuregehalt von 6 % gibt man am Anfang dazu, während der Cascade-Hopfen erst zehn Minuten vor dem Kochende in die Würze kommt.

OHNE BRUCH WIRD'S NICHT GUT

Nach dem Läutern (siehe vorheriger Schritt) heizen wir die Würze so richtig auf und bringen sie zum Kochen. In den ersten 10 bis 20 Minuten des Kochens geschieht eine der wichtigsten Reaktionen beim Hopfenkochen: die Bruchbildung und Ausscheidung von Eiweißstoffen in Form von hellen Flocken, die wir nicht im Endprodukt haben wollen und deshalb mit einer Schaumkelle abschöpfen.

Erst danach kommt die erste im Rezept angegebene Hopfenbeigabe hinein. Generell braucht es beim Würzekochen und Hopfenkochen einen Topf mit Luft nach oben, da die Flüssigkeit dazu neigt, schnell aufzuschäumen – gerade bei der Hopfenbeigabe kommt es zu massiven Reaktionen. Also immer das Hopfenkochen im Blick behalten und den Hopfen nicht in einem Schwung, sondern portionsweise und langsam beigeben. Die Sauerei beim Überkochen kann man sich wirklich sparen!

AGGRESSIVES KOCHEN, BITTE!

Die Würze muss nun mindestens 60 Minuten aggressiv-rollend kochen, in unserem Rezept sind 90 Minuten vorgegeben. Ein leichtes Sieden führt nämlich nicht zum gewünschten Ergebnis. Nur das sprudelnde Kochen extrahiert die nötige Bitterkeit. Gleichzeitig treibt man damit unerwünschte Stoffe aus, die sich im fertigen Bier auf unangenehme Weise (zum Beispiel wie gedämpfter Blumenkohl) bemerkbar machen können. Deshalb immer den Dampf entweichen lassen!

Beim Kochen geht es nicht nur heiß zu und her, sondern auch ziemlich feucht. Dampfschwaden entweichen der rollend-kochenden Flüssigkeit und kondensieren (verdicken sich) bei der nächstbesten Gelegenheit an den Wänden oder an der Decke. Am besten also das Bier gleich mit ein paar Freunden draußen im Garten oder auf der Terrasse brauen oder zumindest für eine gute Entlüftung sorgen!

ZUM SCHLUSS DAS AROMA

Am Ende des Hopfenkochens kommt – je nach Rezept – der Aromahopfen in die heiße Würze, und wir schalten die Hitzezufuhr ab. Hat sich die Flüssigkeit einmal beruhigt, sehen wir jetzt den Heißtrub, bestehend aus Hopfen und Eiweißstoffen, in der Würze schweben. Wir sind somit für den nächsten Schritt vorbereitet.

TOP PRIORITY: SAUBERKEIT

Kochen tötet Keime – was für den nächsten Schritt von Vorteil ist. Die Würze ist nun steril. Bis zum Hopfenkochen braucht man es mit der Sauberkeit nicht so genau zu nehmen. Jetzt aber hat sie oberste Priorität. Alle Gerätschaften, die nun in irgendeiner Weise mit der Würze in Kontakt kommen, sollten gereinigt bzw. desinfiziert werden, um eine Kontamination zu vermeiden. Frustration ist vorprogrammiert, wenn man 40 Liter wegkippen muss, weil man nicht sauber gearbeitet hat!

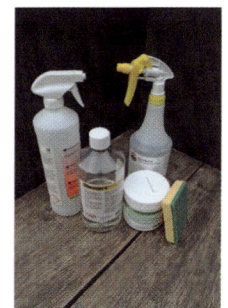

Beim Brauversand gibt es eine ganze Palette an Mitteln. Eine alkoholische Sprühdesinfektion eignet sich bestens, um rasch Löffel und weitere Gegenstände zu desinfizieren. Für die Reinigung von Gefäßen eignet sich Aktivsauerstoff ganz gut. Bitte bloß kein haushaltsübliches Spülmittel verwenden, weil die Geruchs- und Seifenrückstände nur sehr aufwendig zu entfernen sind.

UTENSILIEN

 Topf zum Hopfenkochen. Fassungsvermögen je nach Sud etwa 20 bis 60 Liter.
(Hier bietet sich der Topf an, der für die Maische verwendet wurde. Ein elektrischer Einkochtopf ist für den Anfang gut.)

 Heizquelle: Herdplatte, Gas-Hockerkocher etc., Im Einkochtopf schon integriert.

 Reinigungsmittel: Alkoholische Sprühdesinfektion, Aktivsauerstoff etc. Bitte Anleitung beachten.

 Zutaten: Hopfen

11

LEBENDIGE AGGRESSION

«Depression und Aggression:
Verhüte Gott, dass Depressive ihre autoaggressive Haltung
aufgeben und sie stattdessen nach außen richten!»

Thomas S. Lutter, Lyriker und Musiker

Hopfenkochen ist ein hoch-aggressiver Akt. Schäumend, rollend und brodelnd tobt die Würze im Braukessel und entzieht so dem Hopfen die ersehnte Bitterkeit. Ohne diese Zutat würde das Bier langweilig schmecken. Ihm würde etwas Ausschlaggebendes fehlen.

LEBEND TOT

Auch dem Mann würde etwas Wesentliches fehlen, wenn er kein positiv-aggressives Element mehr in seinem Leben hätte. Lester Burnham, der Protagonist aus dem Film «American Beauty» (mit 108 Auszeichnungen), steht beispielhaft für den Mann, dem genau diese Zutat fehlt. Sein Leben beschreibt er eingangs folgendermaßen:

«Mein Name ist Lester Burnham. [...] Ich bin 42 Jahre alt, in weniger als einem Jahr bin ich tot. Natürlich weiß ich das jetzt noch nicht. In gewisser Weise bin ich bereits tot. Sehen Sie mich an: Ich hol mir unter der Dusche einen runter. Das wird der Höhepunkt meines Tages sein, von jetzt an geht's nur noch bergab! Beide, meine Frau und meine Tochter, halten mich für einen totalen Verlierer. Und sie haben recht: Ich habe etwas verloren. Ich bin mir nicht ganz sicher, was es ist, aber ich weiß, ich habe mich nicht immer so gefühlt. So betäubt!»

Er weiß nicht mehr, was ihn lebendig macht und was er eigentlich will. Er meint, es allen recht machen zu müssen, übergeht dabei sich selber und verliert dabei nicht nur den Zugang zu sich selbst, sondern auch zu seiner Frau und der Tochter.

In Gesprächen mit Männern fällt einer der folgenden Sätze des Öfteren: «Als Mann funktioniere ich nur noch», «Mein Beruf macht mir schon lange keine Freude mehr» oder «In meiner Ehe läuft kaum noch etwas. Alles irgendwie Routine. Erotik – was ist das?». Der Ist-Zustand ist zur Norm geworden: braves Abstrampeln der beruflichen Anforderungen, der To-do-Listen und der gemeindlichen Pflichten im Hamsterrad des Alltags, dazu ein allmähliches Versumpfen vor dem Bildschirm. Ein Leben im abgelöschten Dauerzustand – äußerlich zwar noch lebendig, innerlich aber schon längst tot. Da ist nichts. Niente. Nada. Höchstens noch ein bisschen Asche ...

Die Stichworte «Aggression und Mann-Sein» hinterlassen bei Männern oft einen bitter-ambivalenten Geschmack auf der Zunge. Entweder weil sie selber Opfer von Gewalt waren. Oder weil sie ihre Aggression nicht richtig im Griff haben. Und weil unsere Kultur aggressives Handeln auch noch zutiefst verabscheut.

Das gebetsmühlenartig vorgetragene feministische Mantra «Mann = Gewalt» haben viele Männer verinnerlicht und schämen sich dafür: Der Mann ist per se also ein Täter und grundsätzlich gewalttätig. Ohne «den» Mann als solchen wäre die Welt eine friedlichere und bessere.

Das lateinische Verb «aggredi» bedeutet so viel wie: herangehen; Dinge in Angriff nehmen; Dinge sichern und beschützen; Ziele hartnäckig verteidigen.

Egal, welcher Hintergrund prägt: Bei der Frage, ob Mann einen positiven Zugang zu seiner Aggression hat, schrecken viele zurück, werfen mir irritierte Blicke zu oder schmeißen gleich mal ein selbstverteidigendes prophylaktisches Bekenntnis ins Feld: «Ich bin doch gegen Gewalt!» – Nur in Filmen oder Videospielen darf geschossen, geschlagen und gemordet werden, was das Zeug hält.

AGGRESSION – EIN SCHWIERIGES THEMA?

Ist Aggression also ein höchst schwieriges Thema? Nur wenn man es schwierig macht – und je nachdem, welche Sicht man pflegt. «Aggressionen» werden häufig fälschlicherweise und unscharf mit dem Begriff Gewalt gleichgesetzt. Aus Aggression wird dann Gewalt, indem man das Wort so füllt, dass die eigene Kontrolle versagt bzw. dass die beabsichtigte Verletzung einer anderen Person angestrebt wird. Diese Seite ist in diesem Kapitel jedoch nicht gemeint.

Das lateinische Verb «aggredi» hilft uns, den positiven Gehalt zu entdecken. Es bedeutet so viel wie: herangehen; Dinge in Angriff nehmen; Dinge sichern und beschützen; Ziele hartnäckig verteidigen. Daran ist erst einmal nichts auszusetzen. Was wäre das für eine Welt, in der wir die Ziele nicht mehr hartnäckig verteidigen und verfolgen, die uns herausfordern, uns vielleicht sogar auch überfordern?!?

FEHLENDE UND FEHL-GELEITETE AGGRESSION

Die entstellten Karikaturen des Mannes – hier als Softie gezeichnet, dort als Macho – verdeutlichen einen unreifen Umgang mit Aggression.

Eine fehlende oder unterdrückte Aggression wirkt sich beim Mann selbstzerstörend aus. Er setzt keine gesunden Grenzen, sei es gegenüber Mitarbeitern, dem Chef, den Kindern, der eigenen Ehefrau und auch gegenüber sich selbst. Er ist bereit, (fast) jede Schuld auf sich zu laden. Als aggressionsgehemmtes – dafür aber sozial akzeptiertes – Wesen vermeidet er jede Form der Konfrontation. Weil er sich nicht abgrenzen kann, steht er in der Gefahr, sich auch für völlig unnötige Dinge zu opfern.

Der aggressions-enthemmte Mann hingegen ist gewalttätig und lässt sich auch von kleinsten Irritationen provozieren. Er macht jeden zur Sau, der ihm in die Quere kommt. Hingabe und Opferbereitschaft sind Haltungen, die ihm fremd sind und völlig unnötig erscheinen.

Beide Zerrbilder taugen nicht als Modell für eine gesunde Integration der Aggression.

ZIELGERICHTETE AGGRESSION

Der Mann aus Galiläa, bekannt auch als Jesus, war einer, der eine vollmächtige und integrierte Form der Aggression lebte. Bei aller Barmherzigkeit und Liebe, die er verkörpert, konnte er sich unbeugsam vom Bösen abgrenzen oder sich auch mal heftig damit anlegen: Die Auseinandersetzungen mit den Pharisäern («ihr Heuchler!»), die Zurechtweisung seines engsten Jüngers («Weiche von mir, Satan!») oder der Rausschmiss der Händler aus dem Tempel in Jerusalem mit Peitsche und Drohworten sind unschlagbare Beispiele seiner aggressiven Seite. Sie war immer begründet und auf das größere Ziel seines himmlischen Vaters ausgerichtet.

Sogar seinen Gang nach Golgatha zur Kreuzigung kann man als einen aggressiven Akt bezeichnen, wenn man sich die lateinische Definition dieses unbequemen Begriffes vor Augen hält. Unzählige weitere Vorbilder zeigen, wie Aggression ohne Gewalt fruchtbar werden kann: Dietrich Bonhoeffer, Viktor E. Frankl, Mahatma Gandhi, Nelson Mandela, die Geschwister Scholl und viele andere. Gewaltfrei, aber klar, unablässig und wirkungsvoll verfolgten sie ihr Ziel. Hingabe, Güte, Barmherzigkeit sowie Klarheit, Zielstrebigkeit und Hartnäckigkeit sind hier keine Gegensätze, sondern bilden die zwei Seiten ein und derselben Medaille. Beide gilt es zu kultivieren und zu fördern.

DIE GUTE AGGRESSIVITÄT ALS ZÄRTLICHE BESTÄNDIGKEIT

Die spanische Familienärztin, Sexual- und Psychotherapeutin Dr. Teresa Suárez del Villar schreibt über die «gute Aggressivität» Folgendes:

«Die Aggressivität ist ein tertiäres Geschlechtsmerkmal. Wenn sie erzogen wird, schenkt sie Männern die Kraft, die Welt zu verändern. Sie hängt offenbar mit dem Testosteronspiegel zusammen, und es ist schön, wenn ein Elternteil hilft, diese Tugend zu modulieren, zu bearbeiten, vor allem bei den Söhnen, damit sie zu einer Tugend wird. Die Aggressivität kann von der äußersten Zärtlichkeit bis hin zur Gewalt gehen, aber der gute Weg wandelt sie in eine zärtliche Beständigkeit. Männer lernen, nicht gewalttätig zu sein, sondern beständig, mit einer zärtlichen Beständigkeit zu leben. Man kann die Aggressivität als Gewalt verstehen, aber es ist nicht das, worüber wir hier reden. Vielmehr reden wir von der Aggressivität als einer Energie, die den Menschen innewohnt, vorwiegend den Männern. Man kann eine solche Energie steuern und sie in eine Fähigkeit verwandeln, zu begegnen, zu helfen, Mut zu haben. Es stimmt aber, dass es im Extremfall die andere, gefährlichere Möglichkeit gibt, nämlich, dass sie sich als Gewalt ausdrückt und Leiden verursacht.» [5]

Ohne aggressives Kochen kein Hopfengeschmack im Bier.

Und ohne eine gesunde Portion Aggression entwickelt sich

kein ausgewogener Geschmack im eigenen Leben.

UNSER GESCHMACKSPROFIL

Ohne aggressives Kochen kein Hopfengeschmack im Bier. Und ohne eine gesunde Portion Aggression im eigenen Leben entwickelt sich kein ausgewogener Geschmack. So wie jeder Biertyp im unterschiedlichen Maß Bitterkeit verträgt, so ist das schöpferische und kreative Aggressionspotenzial beim Mann unterschiedlich ausgeprägt oder wartet darauf, aus dem Dauerschlaf zu erwachen. Entscheidend ist, es wahrzunehmen, es anzunehmen und konstruktiv zu integrieren. Ein gesundes aggressives Potenzial ist eine Hilfe, das JA oder das NEIN (siehe vorheriges Kapitel) zu erkennen, umzusetzen und zu verteidigen.

[5] Teresa Suárez del Villar, Ausgewählte Aspekte der Theologie des Leibes, in: Surzykiewicz, Janusz u. a. (Hg.), Liebe, Leib und Leidenschaft. Personsein aus der Sicht der Theologie des Leibes, Sankt Ottilien 2016, 161–190, S.167.

MEIN BIER | Vertiefung Kapitel 11

// Welchen Zugang habe ich zum Thema Aggression?

// In welchen Situationen «koche ich über»? Warum?

// Wo wünschte ich mir noch mehr aggressives Potenzial in meinem Leben?

// Wer könnte mir dabei helfen, es zu erreichen?

MEIN BIER

12

DIE WÜRZE: AUSSCHLAGEN UND ABKÜHLEN

«Geduld ist sehr bitter, aber ihre Früchte sind süß.»

Jean-Jacques Rousseau (1712–1778)

Hat der Hopfen lange genug gekocht, geht es darum, möglichst zügig den Heißtrub (Hopfen mit Eiweißstoffen) von der gehopften Würze zu trennen. Die Würze wird nun für die Hefe-Beigabe vorbereitet. Auch hier gibt es — wie in den Schritten zuvor — verschiedene Wege, die zu einem ausgezeichneten Ergebnis führen.

DER WHIRLPOOL MACHT'S

Um den Heißtrub von der Würze zu trennen, bietet sich die Whirlpool-Methode an. Das Prinzip ist effektiv und einfach: Die heiße Würze bringt man mit einem Braupaddel oder einem großen Löffel durch kräftiges Rühren in eine Rotationsbewegung, bis sich in der Mitte des Topfes ein Paraboloid (eine Fläche zweiter Ordnung) bildet. Sobald man mit dem Rühren aufhört, sammelt sich der Heißtrub in der Mitte des Topfes in der Form eines Kegels.

Nach etwa 15 bis 20 Minuten kann man entweder die Würze über einen Ablaufhahn (im Topf) in den desinfizierten Gärbottich fließen lassen oder mit einem Silikonschlauch von oben absaugen bzw. ab-ziehen (Achtung: heiße Würze). Bevor die Würze im Gärbottich landet, sollte sie durch ein Filtergewebe fließen, zum Beispiel durch einen Monofilament-Filter (für unter zehn Euro beim Hobbybrauer-Versand erhältlich), um die restlichen Feststoffe abzufangen.

Et voilà! Eine feurig-glänzende Würze wartet als nahrhafte Grundlage auf die Hefe. ProBIERen nicht vergessen!

ABKÜHLUNG – GUTER START FÜR DIE HEFE

Allerdings krepieren die wertvollen Hefezellen, wenn wir sie in die 80 bis 90 °C heiße Würze kippen würden. Die Anstelltemperatur für die Hefe liegt bei plus/minus 25 °C, das heißt, unser Ziel ist es, die heiße Würze runterzukühlen.

Das zügige Abkühlen und baldige Hinzufügen der Hefe zur Würze reduziert die Gefahr, dass sich Mikroorganismen, etwa wilde Hefen und Bakterien, die nur so in der Luft herumschwirren, in der warmen Würze niederlassen, wohlfühlen, vermehren und sie damit auch noch kontaminieren und verunreinigen. Der Plan ist, die Würze mit «unserer» Hefe gezielt zu impfen und zu prägen.

Würze fließt durch einen Filter in den Gärbottich.

Zum Kühlen der Würze bietet sich ein Wärmetauscher an: Das kann ein Eintauchkühler, ein Durchstromkühler oder gleich ein Plattenwärmetauscher sein. Die ersten beiden sind mit etwas Handwerksgeschick selber herzustellen. Ein Plattenwärmetauscher ist eine feine Sache, jedoch eine belastende Angelegenheit für den Geldbeutel.

Als Kühlflüssigkeit bietet sich kaltes Wasser aus der Leitung, aus dem Brunnen (wer immer so etwas hat) oder aus der Regentonne an. Im Anschluss an den Brauvorgang eignet sich das erwärmte und gesammelte Wasser bestens zum Reinigen der Brautöpfe und Brau-Utensilien.

Zur Not kann man im Winter den Gärbottich mit der heißen Würze auch über Nacht draußen abkühlen lassen und erst am nächsten Tag die Hefe hinzufügen. Bei Minusgraden ist die Würze innerhalb von 4 bis 5 Stunden auf Gärtemperatur gesunken. Wer nach dem Hopfenkochen sauber gearbeitet hat, braucht hier nicht wirklich eine Kontamination zu befürchten.

Kühlspirale Eigenbau

STAMMWÜRZE – WOHER STAMMT SIE?

Viele Begriffe mögen dem Brau-Laien nicht bekannt sein, doch von der Stammwürze hat fast jeder Genießer des gehopften Gerstensaftes schon gehört. Sie wird vor dem Vergären gemessen und gibt den Gehalt aller gelösten Stoffe in der Würze an. Sprich: alles, was aus dem Malz und dem Hopfen beim Maischen, Läutern und Hopfenkochen gelöst wurde. Dazu gehören Malzzucker, Aminosäuren, Eiweiße, Vitamine, Mineralien, Hopfenanteile und alle weiteren Extrakte.

Die Summe dieser Elemente wird mit einer Bierspindel gemessen, die in einem mit Würze gefüllten Zylinder schwimmt. Bierspindeln sind in der Regel auf 20 °C geeicht und zeigen in «Gewichtsprozent (%)» die Dichte der Flüssigkeit an. Eine andere geläufige Angabe geschieht in «Grad Plato (°P)».

Je mehr Stoffe in der Würze gelöst sind, desto höher die Dichte der Flüssigkeit und desto mehr treibt es die Spindel in die Höhe. Je höher die Bierspindel schwimmt, umso mehr Zucker ist in der Lösung enthalten. Die Messung gibt dem Hobbybrauer damit eine Kennziffer, ob er den gewünschten Extraktgehalt erreicht hat, ob er also die Menge an Zucker aus dem Malz gelöst hat, die er beabsichtigt hat. Deswegen ist bei den Rezepten immer auch die erwünschte Stammwürze in Prozent angegeben.

Bierspindel

Hopfen und Eiweiße bleiben zurück.

Außerdem gibt diese Kennziffer einen Hinweis auf die Geschmacks-Intensität des Bieres und seinen Alkoholgehalt: Je höher die Stammwürze, desto mehr Zucker gibt es zu vergären und desto höher der voraussichtliche Alkoholgehalt. So ist zum Beispiel ein Bier mit einer Stammwürze zwischen 11 bis 16 % ein Vollbier. Mehr als 16 % wird als Bock- oder Starkbier klassifiziert, unter 11 % werden als Schankbier bezeichnet – und unter 7 % als Einfachbier. Mit der Stammwürze kann man unter bestimmten Voraussetzungen auch den Alkoholgehalt des eigenen Bieres berechnen.

Ab einer Freimenge von 200 Litern pro Jahr muss man als Craftbier-Brauer eine Biersteuer beim Zoll verrichten.

Diese Kennziffer ist nicht nur interessant für den Hobbybrauer, sondern auch für das Zollamt. Ab einer Freimenge von 200 Litern pro Jahr muss man als Craftbier-Brauer eine Biersteuer beim Zoll verrichten und dabei die Menge und Stammwürze angeben. Die Höhe der Steuer orientiert sich an diesen beiden Parametern. Brauvorgänge müssen grundsätzlich beim Zollamt angemeldet werden (siehe Anhang, S. 126).

STAMMWÜRZE: ZU VIEL, ZU WENIG?

Das lange und anhaltende Hopfenkochen dampft die Würze ein. Das Wasser verdunstet, und der Anteil der gelösten Stoffe erhöht sich damit, was zur Folge hat, dass die Stammwürze in der Regel höher ausfällt als im Rezept angegeben. Achtung: Die Messung der Stammwürze richtet sich nach der Eichung der Bierspindel. Die Dichte der Flüssigkeit ist bei heißer Würze niedriger und bei kalter Würze höher. Bei einer zu hohen Stammwürze gießt man so viel Leitungswasser hinzu, bis der gewünschte Wert eingestellt ist.

Bei einem Brau-Seminar stellten wir bei einer Braugruppe eine viel zu hohe Stammwürze fest. Im Rückblick wurde uns klar: Besagte Gruppe hatte aus Versehen die doppelte Menge an Malz genommen. Eine weitere Verdünnung mit Wasser kam nicht infrage, und das angepeilte Vollbier wurde kurzerhand zum Doppelbock deklariert. Schmeckte nach abgeschlossener Gärung einwandfrei!

Eine zu niedrige Stammwürze weist auf einen Fehler in den vorherigen Schritten hin (zu niedrige Schüttung, zu grobe Schrotung des Malzes, Probleme beim Läutern, etc.). Diesen Fehler wiederholt man am besten beim nächsten Braugang nicht, nimmt die Würze mit der zu geringen Stammwürze und vergärt sie ganz normal. – Bier wird es immer!

APROPOS GESCHMACK

Gutes Bier will nicht nur ganz am Ende die Zunge erfreuen,
sondern vor allem auch schon zuvor nach jedem einzelnen Schritt
im Brauprozess – angefangen von den Rohstoffen in Reinform bis
zu den Mischformen, die sich durch die Zugabe von Wasser und
Hitze nach und nach wandeln. Die Würze schmeckt zum jetzigen
Zeitpunkt extrem süß und bitter zugleich.

UTENSILIEN

 **Maischepaddel** aus Holz.
Oder ein großer Löffel, der bis
zum Boden des Topfes reicht.

 **Gärbottich** mit Deckel und
Gärröhrchen aus Kunststoff. Auf Dauer
lohnt sich ein Gärbottich aus Edelstahl.

 **Kühlspirale** als Eintauchkühler,
um die Würze abzukühlen.

 Filtergewebe, zum Beispiel ein
Monofilament-Filter.

 Bierspindel und Standzylinder
zum Messen der Stammwürze.

 Reinigungsmittel: Alkoholische
Sprühdesinfektion, Aktivsauerstoff, etc.
Bitte Anleitung beachten.

DIE EXTREME WAHRNEHMEN

«Ein Mann ist dann zum Mann geworden,
wenn es ihm gelingt,
den Körper das machen zu lassen,
was er nicht möchte.»

Robert Bly

Endlich ist der Hopfen gekocht, die Würze
ausgeschlagen und gekühlt. Wir befinden
uns an unserem Brautag inzwischen auf
der Zielgeraden. Eine Kostprobe verrät
uns: Was da den Gaumen hinabfließt,
ist alles andere als rund und typisch
für ein Bier. Stattdessen: malzige Süße
gekoppelt mit einer herben Bitterkeit.
Hier stimmt etwas noch nicht. Stimmig
schmeckt anders.

Exkursion in die Philosophie – Edward Hopper

Verlockend süß, manchmal herb auf-
stoßend oder gar bitter – diese Beschrei-
bungen treffen es ganz gut, wenn es um das Mann-Sein und die männliche Sexualität
geht. Wie in dem Bild von Edward Hopper. Hier stimmt etwas nicht. Sie halbnackt, des-
interessiert, schlafend, abgewandt. Er in voller Montur in sich zusammengesunken und
grübelnd auf der Bettkante. Vielleicht resigniert, vielleicht ratlos und frustriert.

Sexuelles Erleben gehört zu den größten Geschenken des

Mann-Seins – und gleichzeitig ist dieser Bereich so umkämpft

und angefochten wie kein anderer.

Paul (35) erlebte es so:

*Als ich heiratete, dachte ich: Jetzt wird alles gut. Frau da, alles da, Sex da.
Leider wollte Frau nicht immer dann Sex haben, wenn ich wollte. Je mehr ich
wollte, umso weniger wollte sie. So ein Mist. Wenn sie nicht wollte, dann war
ich ziemlich schnell beleidigt und zog mich trotzig zurück. In meiner Unreife
wollte ich sie innerlich bestrafen, nach dem Motto: «Wenn du nicht – dann
ich auch nicht.»*

*Ich war gefangen – in mir, in meinen Bedürfnissen. Sexualität war eine Kraft,
die oft stärker war als ich. Ich fühlte mich ihr oft ausgeliefert. Ich wurde den
Drang nicht los. Versuchte meine Frau zu überreden, sie zu manipulieren oder
mit einfachen Mitteln zu gewinnen: «Wenn ich die Küche aufräume, dann will
sie bestimmt.» Leider roch sie das schon zehn Meter gegen den Wind.*

Sexualität stand über den Dingen. Mein Mann-Sein war irgendwie drunter. Ich war unfrei, war wie ein Sklave meiner Sexualität. Ich fühlte mich unter Druck und habe dabei meine Frau auch oft unter Druck gesetzt. «Gnaden-Sex» kam mir irgendwann als Beschreibung unseres Ist-Zustands in den Sinn – sie machte es, weil ich es brauchte. Doch es war unbefriedigend für uns beide.

Der sexuelle Höhepunkt gehört wohl zu den schönsten Erlebnissen: Ekstase, Geborgenheit, Erotik, Annahme, Spannung, Liebe, Eins-Sein und Hingabe können hier in einem überwältigenden Mix zusammenkommen. Sexuelles Erleben gehört zu den größten Geschenken des Mann-Seins – und gleichzeitig ist dieser Bereich so umkämpft und angefochten wie kein anderer.

Zwischen diesen beiden Spannungspolen befindet sich eine ganze Bandbreite an Erlebnissen, Freuden, Erfahrungen des Scheiterns, Glücksmomenten und Verletzungen.

So tiefgreifend, weil so intim.

So wunderbar – und doch so verwundbar.

ANS EINGEMACHTE?

Wo die eigene Sexualität als unbefriedigend erlebt wird, will etwas nachreifen und möchte etwas in unserer Seele ganz werden, besser noch: heil werden. Das Ziel ist eine befriedet-integrierte Sexualität – und die hängt zuallererst mit mir selbst zusammen. Natürlich gilt das Sprichwort «It takes two to tango» – zu einem Problem in einer Beziehung gehören immer beide, und im Idealfall sollten das beide erkennen.

In der Regel sieht der Mann bei der Frau und sieht die Frau beim Mann, was nicht richtig läuft. Wenn ich aber den anderen schon nicht verändern kann, dann bleibt eigentlich nur noch eine Option übrig: die Möglichkeit und Freiheit, mich selbst zu verändern. Hier geschieht oft die alles entscheidende Wende in einer Paar-Beziehung, wo ich einen Anfang mache. Garantien gibt es keine, doch verändert sich häufig auch der Partner, wenn einer entscheidet, sich zu verändern. Diese Entscheidung bedeutet: in die Erkenntnis und in die Selbsterkenntnis zu gehen. Oder einfacher gesagt: Jetzt geht's ans Eingemachte!

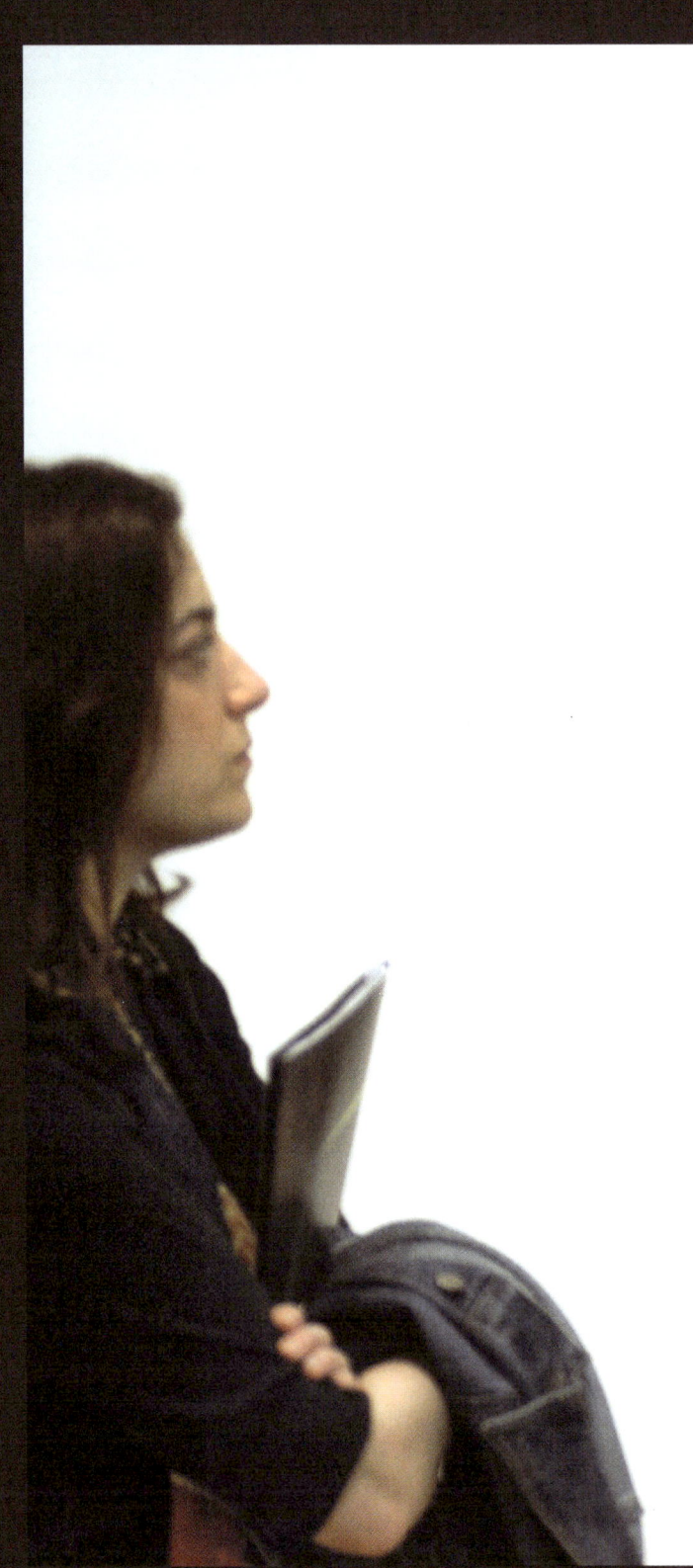

Excursion into Philosophy

▶ 17

DAS MASS IST LEER!

Mein Zahnarzt mag nicht, was er in meinem Mund sieht. Jedes Mal meckert er rum, wenn er in meinen Zähnen noch Amalgam entdeckt. «Das ist Gift für den Körper, das muss raus!», mahnt er jedes Mal voller Überzeugung. Ruhe gibt er nur, wenn alles draußen ist.

Nicht nur Zähne haben Löcher, Seelen haben auch welche. Als verwundbare, fragile Wesen kommen wir auf die Erde und erleben neben den vielen guten Erfahrungen eben auch Verletzungen, die ihre Spuren hinterlassen oder sich wie Löcher in die Seele fressen. Beim Einen mehr, beim Anderen weniger.

Kratzspuren und Löcher sind unangenehm. Und sie schmerzen. Deshalb muss da etwas rein, meistens ein Amalgam-Mix aus ganz verschiedenen Zutaten, die oft maßlos daherkommen und zum Beispiel folgende Namen haben: viel arbeiten, übermäßiger Alkoholkonsum, mediale Dauerberieselung, weit über das gesunde Maß hinaus essen, um sich irgendwie «satt» zu fühlen, oder eben Sex als Antwort auf das unbefriedigende oder aus den Fugen geratene Leben.

Alles Mittel, die irgendetwas befrieden sollen. Doch die Befriedigung ist meist nur von kurzer Dauer, und so richtig satt wird man dabei nicht. Frust, Zorn, Einsamkeit, Traurigkeit und Scham gehören regelmäßig zu den Nebenwirkungen dieser Ersatzstoffe.

H.A.L.T.

Wenn wir Dinge tun, die wir eigentlich nicht tun wollen oder die sich schädlich auf unsere Seele und unsere Beziehungen auswirken (etwa Pornografie), dann stimmt etwas nicht. Dem nachzugehen ist zwar erst einmal unangenehm, doch unglaublich lohnend.

Bestechend finde ich immer wieder das H.A.L.T.-Modell aus dem Reich der Anonymen Alkoholiker. Das Akronym steht für die vier Begriffe *Hungry, Angry, Loneley* und *Tired*. Wie ein Stopp-Schild erinnert es mich an die Priorität, meine eigentlichen Bedürfnisse ernst zu nehmen und sie nicht mit anderen Dingen wegzuessen, wegzutrinken, wegzukonsumieren oder wegzu-sexen.

H = Hungry (hungrig): Wo bin ich seelisch hungrig? Wo ist ein Bedarf nach Anerkennung, Liebe und Annahme unbeantwortet geblieben? Wo will ich mir meinen Hunger nicht eingestehen?

A = Angry (zornig): Wo bin ich wütend, weil mir ein Bedürfnis verweigert wurde oder weil mich jemand gedemütigt hat, ich aber zu feige bin, um es mir selber einzugestehen? Wo bin ich zornig, weil mich jemand verletzt hat?

L = Lonely (einsam): In welchen Bereichen fühle ich mich einsam, weil keiner zu mir steht oder sich alle von mir abwenden? Oder einsam, weil keiner mich versteht?

T = Tired (müde): Wo bin ich müde und habe es satt, ständig funktionieren zu müssen? Wo fällt es mir schwer, für meine eigenen Bedürfnisse geradezustehen?

Wenn ich Dinge tue, die ich eigentlich nicht tun möchte, dann ist es an der Zeit, mich zu fragen: Wo stelle ich mich meiner Situation und meinen eigenen Bedürfnissen nicht?

STELL DICH!

Das Bild von Edward Hopper strahlt nicht nur Verzweiflung und Resignation aus. In ihm steckt auch ein Zeichen der Hoffnung, das auf einen Ausweg hindeutet. Entscheidend ist das aufgeschlagene Buch neben dem Mann. Der Titel des Bildes gibt uns einen weiteren Hinweis, was es mit dem Buch auf sich haben könnte:

«Exkursion in die Philosophie», so heißt das Bild. Der Protagonist denkt nach. Denkt über sich und seine Situation nach, schafft einen Abstand zur Situation, deren Hintergrund wir nur erahnen können. Er stellt sich seiner Situation. Er verbindet die süße Sehnsucht nach Sinnlichkeit und Sexualität mit der bitter-herben Situation der Frustration. Er umarmt seine Wirklichkeit und nimmt die Extreme in seinem Herzen wahr.

Paul hat diesen Schritt gewagt:

> *Wahre Veränderung kam in mein Leben, als ich mich meinen wirklichen Bedürfnissen stellte und lernte, sie wahr sein zu lassen. Ich musste lernen zu unterscheiden. Zum Beispiel, ob das sexuelle Bedürfnis aus dem Wunsch heraus kam, mich meiner Frau zu schenken, oder um irgendein anderes Bedürfnis zu kompensieren. Ich musste Worte finden, musste mich meinem Schmerz wegen unbeantworteter Annahme und auch wegen meinem geringen Selbstbewusstsein stellen.*

> *Je näher ich an der Frage «Wie befriede ich meine wahre Bedürftigkeit?» dranblieb, umso freier wurde ich im Umgang mit meiner eigenen Sexualität. Musste nicht mehr ein Sklave meiner Sexualität sein, sondern ein schöpferischer Liebhaber. Nicht mehr einer, der um Sex bettelt oder sich den Sex irgendwie «nimmt» bzw. «holt», sondern einer, der sich auf den geschenkten Moment einlässt, wenn es so weit ist.*

> *Es gehörte zu den befreienden Entscheidungen meines Lebens: Ich kann meine Frau nicht dazu bringen, öfter mit mir die sinnlichen Momente der Sexualität zu genießen. Ich kann mich jedoch entscheiden, mich so zu verändern, dass es ihr leichter fällt, sich zu verschenken.*

> *Nur zur Klarstellung: Das Ringen bleibt nach wie vor, und selbstverständlich läuft nicht immer alles rund. Doch der kräftezehrende Machtkampf zwischen den bitter-herben Frustrationen und der verzehrend-verlockenden Süße ist vorbei.*

MEIN BIER

**Vertiefung
Kapitel 13**

**Es ist Zeit, sich auf die eigenen Fragen einzulassen.
Nimm dein Tagebuch und fang an, dich deiner
Situation zu stellen.**

// Wie erlebe ich meine Zutat «Sexualität» als Mann?

// Wenn ich ein Edward-Hopper-Bild malen müsste:
   Wie sähe mein Bild aus? Wer liegt wo?
   Und wohin blickt er, wohin blickt sie?

// H.A.L.T. mal an und frage dich:
   Wie gehe ich mit meiner Bedürftigkeit um?

// Wo bin ich gefragt, an mir zu arbeiten?
   Was kann ich heute an mir verändern,
   damit es meiner Frau leichter fällt, mich
   zu lieben und sich für mich zu öffnen?

MEIN BIER

14

DIE HEFE:

VON DER GUTEN GÄRUNG

«Staunen ist der erste Schritt zu einer Erkenntnis.»

Louis Pasteur (1822–1895), französischer Chemiker und Mikrobiologe,
der entdeckte, dass die Hefen bei Sauerstoffmangel mehr Zucker konsumieren.

Ohne Hefe keine Gärung.

Ohne Gärung kein Bier!

So einfach die Gleichung heute sein mag, tappten Brauer zuvor doch Jahrtausende im Dunkeln, was die Gärung denn wirklich in Gang bringt. Das Bayrische Reinheitsgebot von 1516 enthält zum Beispiel die Zutat «Hefe» nicht:

«Ganz besonders wollen wir, dass forthin allenthalben in unseren Städten, Märkten und auf dem Lande zu keinem Bier mehr Stücke als allein Gersten, Hopfen und Wasser verwendet und gebraucht werden sollen.»

Erst im 19. Jahrhundert entdeckte man, dass die Hefe nicht nur ein Produkt der Gärung ist, sondern die Gärung selbst in Gang bringt. Eine übliche Methode bestand darin, die Würze der Umgebungsluft auszusetzen und zu warten, bis sich die Hefen aus der Umgebung auf die Würze legten und die Gärung starteten.

Doch zurück in die Gegenwart und in die Praxis:
Was macht die Hefe? Und wie können wir sie
gezielt einsetzen?

SKLAVENARBEIT

Die Hefe arbeitet vor allem für uns – ohne zu meckern und ohne Bezahlung. Dafür benötigt sie gute Bedingungen, für die wir sorgen können und die durch die vorherigen Schritte im Brauprozess gegeben sind.

Als Lebewesen braucht die Hefe Energie: Sie frisst und verdaut den Zucker, der in der Maische hergestellt wurde, und scheidet Ethanol (Alkohol), Kohlendioxid (CO_2) und diverse Nebenprodukte aus, die wir als Aromen im Geschmack und im Geruch wahrnehmen.

Neben dem Zucker braucht sie zu Beginn vor allem Sauerstoff, damit sie sich ordentlich vermehren kann. Der gelangt vor dem Hinzufügen der Hefe durch kräftiges Aufschäumen, etwa mit einem Schneebesen, in die Würze.

AUF VERMEHRUNG ANGELEGT

Ist die Hefe einmal «angestellt» und in der Würze (bei ca. 25 °C), braucht sie Zeit zum «Ankommen» (Latenzphase). Die Hefezellen orientieren sich in der neuen Umgebung, nehmen erste Nährstoffe auf und fangen an, sich zu teilen. Alle eineinhalb bis vier Stunden verdoppeln sie sich und arbeiten sich fröhlich an der Würze ab, die unter guten Bedingungen exponentiell ansteigt.

OBERGÄRIG ODER UNTERGÄRIG

Die Brauhefe ist eine Zuckerhefe – oder auch «*saccharomyces*» (lat.) genannt. Für uns Hobbybrauer reicht die Unterscheidung in obergärige und untergärige Hefe. Beide vergären den Zucker, doch sie verhalten sich unterschiedlich und arbeiten bei unterschiedlichen Temperaturen am besten.

Die obergärige Hefe *(«saccharomyces cerevisiae»)* schuftet gut und zielorientiert bei wärmeren Temperaturen (zwischen 18 und 25 °C) und schwimmt während der Gärung auf der Oberfläche der Würze. Das liegt an der Tatsache, dass sie während der Gärung und der Zellteilung Verbände bildet und dadurch mit der entstehenden Kohlensäure nach oben treibt. Sobald die Gärung sich dem Ende zuneigt, fällt sie – wie alles andere auch – zu Boden. Sie wird typischerweise bei Ales, Weizen, Kölsch, Altbier usw. eingesetzt und erzeugt Gär-Nebenprodukte, die typisch für den Geschmack dieser Biere sind.

Die untergärige Hefe *(«saccharomyces carlsbergensis»)* verrichtet ihre Berufung besonders gut bei niedrigen Temperaturen (zwischen 7 und 14 °C) und macht ihre Sache lieber alleine und ganz für sich. Als Einzelgängerin bildet sie keine Gemeinschaftsverbände und sinkt an der auftreibenden Kohlensäure vorbei nach unten, zum Boden hin – deshalb untergärig. Durch die Kälte arbeitet sie langsamer und erzeugt weniger Gär-Nebenprodukte als die obergärige Hefe.

TROCKEN ODER FLÜSSIG?
ODER GLEICH SELBER ZÜCHTEN?

Der Brauversand bietet Bierhefe als Trocken- oder Flüssighefe an.
Wer eine Brauerei um die Ecke hat, bekommt hier eventuell Frisch-
hefe. Flüssige Hefe ist immer zu bevorzugen, weil sie geschmacklich
der Trockenhefe überlegen ist.

Für Anfänger empfehle ich trotzdem die Trockenhefe, die gute Quali-
tät liefert und in der Handhabung sehr einfach ist. Im fortgeschritte-
nen Stadium ist ein Umsteigen auf Flüssighefe sinnvoll, und wer eine
Lust auf Steigerung hat, kann sogar seine eigene Hefe züchten. Doch
das ist ein eigenes Kapitel für sich.

DIE PRAXIS ZÄHLT: WÜRZE IMPFEN

Die auf plus/minus 25 °C hinuntergekühlte Würze befindet sich in einem «offenen» Gärbottich, und nun kommt die Hefe hinzu («Würze impfen»). Die Trockenhefe streut man einfach
auf die Würze, wobei eine vorherige Rehydrierung (Wassergehalt-Steigerung) in lauwarmem
Wasser der Hefe hilft, sich zu reanimieren, bevor sie an die Arbeit springen muss.

Bei Trockenhefe, die noch nicht abgelaufen ist und ansonsten kühl und trocken ge-
lagert wurde, braucht man sich wegen der Hefequalität keine Gedanken zu machen.
Flüssighefe ist in der Handhabung anspruchsvoller und muss vor der Verwendung
häufig mit einer «Starterflüssigkeit» in Gang gesetzt werden. Wie man das macht, steht
als Anleitung auf der Hefepackung.

Auch die Hefemenge ist für den Gärverlauf entscheidend. Genügend Hefezellen gewähr-
leisten einen guten Start der Gärung. Für 20 Liter Sud reichen in der Regel 11,5 gr.
Trockenhefe aus. Auf den Hefepäckchen stehen alle notwendigen Informationen: die
Eigenschaft der Hefe, Anstelltemperatur, optimale Vergärungstemperatur usw.

Hefe wird rehydriert.

Verschiedene Trockenhefen

Rehydrierte Hefe kommt nun in die
abgekühlte Würze.

Gärbottich für die Hauptgärung in Edelstahl

STÜRMISCHE HAUPTGÄRUNG

Sofern alles nach Plan läuft, bilden sich nach 8 bis 12 Stunden erste «Schaumflecken» auf der Oberfläche. Die Gärung ist «angekommen», sagt der Brauer. Und wer die Zeichen der Zeit erkennt, sieht nun, dass die Arbeit der Hefe voll im Gange ist.

Ein bis zwei Tage später ist die ganze Oberfläche mit einer hellfarbigen unebenen Schaumdecke (Kräusen) überzogen. Die braunen Flecken am Rand und auf dem Gärschaum sind keine Verunreinigungen, sondern Hopfenöle und Hopfenharze, die wir sowieso nicht im Endprodukt drin haben wollen.

In dieser stürmischen Gärphase befindet sich die geimpfte Würze in einem «offenen» Gärbottich. Offen deshalb, weil das CO_2 durch ein mit Wasser gefülltes Gärröhrchen mit Gummistopfen (im Deckel des Gärbottichs) entweichen kann, aber von außen nichts in den Bottich hineingelangen kann. Darüber hinaus setzen sich im Laufe der Gärung Hefe-, Hopfen- und sonstige Partikel als Schlamm am Boden ab.

Je nach Hefetyp, Bierstil und Umgebungstemperatur braucht die Hauptgärung zwischen 2 bis 10 Tage; ein Vorgang, den man an den aufsteigenden Luftblasen im Gärröhrchen gut beobachten kann. Sobald es ein bis zwei Tage nicht mehr blubbert, ist die Hauptgärung abgeschlossen.

Die Hauptgärung im vollen Gange

Fast abgeschlossene Hauptgärung

Ein Blick in den Gärbottich zeigt nun wieder ein neues Bild: Die Schaumberge sind verschwunden, und auf der Oberfläche schwimmt ein grün-brauner Fleckenteppich aus Hopfenölen, Hopfenpartikeln und Hopfenharz, die man entweder während der Gärung mit einer sterilen Kelle abschöpft oder beim Abfüllen im Gärbottich lässt.

Um sich jetzt wirklich ganz auf sein Bier und dessen Entwicklung einzulassen, muss man einfach zwischendurch riechen und probieren. Bei einer Geruchsprobe steigen uns schweflige, säuerliche, fruchtige und süße Aromen in die Nase.

GEDIEGENE NACHGÄRUNG

Bei einer abgeschlossenen Hauptgärung schmeckt das Jungbier schon eher nach Bier, aber eben noch längst nicht so, wie wir es gewohnt sind. Es schmeckt unreif, süß, bitter und schal (ohne Kohlensäure).

Bisher konnte das CO_2 bei der Hauptgärung fröhlich entweichen. In der Nachgärphase soll die gewünschte Menge an Kohlensäure (je nach Bierstil unterschiedlich) im Bier bleiben. Das Jungbier kommt zur Nachgärung in ein «geschlossenes» Gefäß, sei es in eine dunkle Bierflasche oder ein Edelstahlfass. Wichtig ist, dass das Bier schön im Dunklen bleibt. Licht verändert den Geschmack des Bieres. Für den Anfänger bieten sich Bügelflaschen an, die man nach Entleeren des Inhalts drei Mal mit einem großzügigen Schluck warmem Wasser ausschwenkt und danach umgedreht abtropfen lässt.

Vor dem Abfüllen reicht ein kurzes Ausschwenken mit Wasser, und ein Blick durch den Flaschenboden im Gegenlicht zeigt, ob am Boden irgendwelche Verunreinigungen haften. Komplizierter geht immer, ist aber wirklich nicht nötig.

Damit sich im fertigen Bier genug Kohlensäure bildet, braucht es eine bestimmte Menge «Restzucker». Drei erprobte Verfahren stehen uns zur Verfügung:

1. Den Abfüllzeitpunkt so wählen, dass in der Würze noch genug Restzucker zur Nachgärung vorhanden ist. Das ist machbar, doch hier muss man den genauen Zeitpunkt zum Abfüllen abpassen.

2. Vor dem Hinzufügen der Hefe einen Anteil der Würze abzweigen und einfrieren – je nach Stammwürze sind das etwa 1,5 Liter auf 20 Liter Fertigbier. Die Hauptgärung abschließen, bis jeglicher Malzzucker von der Hefe verarbeitet wurde. Kurz vor dem Abfüllen in Flaschen oder ins Fass die eingefrorene Würze auftauen, abkochen und gekühlt der vergorenen Würze hinzufügen.

3. Das Jungbier per Schlauch oder Abfüllröhrchen umfüllen und eine bestimmte Menge einfachen Haushaltszucker der abgefüllten Bierflasche hinzufügen. Bei einer 0,33-Liter-Flasche braucht man etwa 2,5 gr. und bei einer 0,5-Liter-Flasche 3,8 gr. Zucker. Diese Variante ist die sicherste und einfachste. Eine praktische Dosierhilfe für den Zucker in drei Größen gibt es (für unter 2 Euro) beim Hobbybrauerversand.

Das Jungbier mit einem Abfüllröhrchen in die Flaschen abfüllen.

Den Zucker zur Nachgärung in die Flasche füllen und mit einem Kronenkorkenverschließer verschließen.

Das Abfüllen in Flaschen geht nun folgendermaßen vor sich:

1. Die Flasche nicht komplett füllen, sondern etwa 2 bis 3 cm Luft lassen und verschließen. Entweder mit dem Bügelverschluss der Flasche oder mit einem Kronenkorkenverschließer, den es für 10 Euro beim Brauversand gibt.

2. Die abgefüllten Flaschen sollten nun 6 bis 8 Tage bei Raumtemperatur lagern, damit der restliche Zucker komplett vergoren wird. Ein einfacher Test zeigt, ob die Gärung stattgefunden hat: Den Bügelverschluss vorsichtig öffnen. Ein Zischen und leichtes Aufschäumen in der Flasche verrät, dass alles nach Plan verläuft.

3. Die gut bestückte Bierkiste beschriften oder der Bierflasche ein originell gestaltetes Etikett verpassen.

4. Anschließend die Bierflaschen in einem dunklen und kühlen Raum aufrecht lagern. Ein obergäriges helles Bier erfreut den Gaumen schon nach 2 bis 3 Wochen Nachgärung. Ein untergäriges Bier braucht etwa 5 bis 7 Wochen zur Vollkommenheit. Stärkere und dunklere Biere benötigen meistens eine längere Reifezeit, die normalerweise im Rezept angegeben ist. Während der Nachgärung setzen sich Hefe und Trubstoffe ab. Die Haltbarkeit ist abhängig von dem Alkoholgehalt, dem Hopfengehalt, der Hygiene bei der Herstellung und der Lagertemperatur. Wer sauber gearbeitet hat, hat auch nach mindestens einem halben Jahr immer noch Freude an seinem Bier. Die Erfahrung zeigt allerdings: Gutes selbstgebrautes Bier braucht nicht lange zu halten, weil es ratzfatz konsumiert wird!

5. Endlich ist es Zeit, das Bier zu verkosten. Die Flasche aufrecht im Kühlschrank kühlen, dann vorsichtig einschenken – ohne den Bodensatz ins Glas zu kippen (außer beim Weizenbier natürlich).

6. Sehen, riechen, schmecken und genießen sind nun angesagt: Prost – **auf das Leben!**

UTENSILIEN

Kronenkorken

Bierflaschen mit Bügelverschluss.
Oder Flaschen, die mit Kronenkorken
verschlossen werden.

Kronenkorkenverschließer,
um Flaschen mit einem Kronenkorken
zu verschließen. Für den Fall, dass man
Flaschen ohne Bügelverschluss verwendet.

Abfüllröhrchen, um das
Jungbier in die Flaschen abzufüllen.
Dazu eine Dosierhilfe für den Zucker.
Und ein Trichter.

Reinigungsmittel
Alkoholische Sprühdesinfektion,
Aktivsauerstoff, etc.

Zutaten: Hefe, Zucker

15

DIE EXTREME VERBINDEN UND VERSÖHNEN

«In aller Frühe, als es noch dunkel war,
stand Jesus auf und ging an einen einsamen Ort, um zu beten.
Simon und seine Begleiter eilten ihm nach,
und als sie ihn fanden, sagten sie zu ihm:
Alle suchen dich.»

Markus 1,35–37

Wir sind mit diesem Brau- und Männer-Buch durch die wesentlichen Stationen des Brauprozesses gegangen und konnten einige Zutaten des Mann-Seins in den Blick nehmen. Viele neue Informationen zum Bier und Anregungen für das Mann-Sein bereichern unsere Gedanken. Doch die entscheidende Frage wurde noch nicht gestellt, wenn wir unterwegs sind:

Wohin soll es gehen?

Und mit wem gehe ich?

Wer nicht weiß, wohin er gehen möchte, steht in der Gefahr, anderen einfach hinterherzulaufen.

Wer nicht weiß, wohin er gehen soll, steht in der Gefahr, das zu tun, was andere tun – ohne je vertieft darüber nachzudenken.

Wer blind tut, was andere tun, und unreflektiert und ohne zu prüfen Dinge ausführt, nur weil andere das von ihm wollen oder gar verlangen – das kann die eigene Frau sein, das Kind, der Chef –, der steht in der Gefahr, gelebt zu werden. Sein inneres Feuer erlischt, und er ist nur noch ein funktionierendes Rädchen im Getriebe. Es brennt nichts mehr – und auch seine Sehnsucht ist erloschen.

Wer so lebt, ist auf dem besten Weg, ein kranker Mann zu werden.

Ein Mann aber «brannte» wirklich für uns. Der Sohn Gottes war ein Mann. Jesus wollte gesunde Männer und Frauen. Jesus möchte, dass wir gesunde Männer bleiben – oder es wieder werden. Wir sollen eine Freude entwickeln, die überläuft, überschäumt und andere ansteckt.

Um diese Freude und den Frieden wieder zu gewinnen, braucht es einen ersten Schritt: einen einsamen Ort.

**«In aller Frühe, als es noch dunkel war,
stand Jesus auf und ging an einen
einsamen Ort, um zu beten.»**

In den Abschnitten vor und nach dieser Passage lesen wir, wie Jesus unzählige Menschen geheilt hat. Das konnte er nur tun, weil er sich immer wieder zurückgezogen hat, um ganz nahe bei seinem Vater zu sein. Diese bewusste Einsamkeit und die Verortung bei seinem Vater machten ihn zu einem vollmächtigen Mann.

Voll-Macht also.

Macht kommt von «*magan*» (gotisch) und heißt so viel wie: können, vermögen, voll können. Jesus konnte viel. Ohnmacht heißt eben: nicht können.

> *Ich erinnere mich gut, wie ich selber einmal in einer verzweifelten Situation war: An einer Stelle hat mich mein Leitungsamt völlig überfordert. Ich kam nicht mehr weiter. Ich ging an einen einsamen Ort im Wald – gefüllt mit Ohnmacht und Zorn. Und völlig frustriert. Ich ging hin, knallte Jesus verzweifelt meine Ohnmacht hin und fragte ihn: Warum tue ich mir dieses Leitungsamt an? Warum tust du mir das an?*
>
> *Ich rechnete eigentlich mit keiner Antwort und erwartete einen längeren inneren Monolog voller Vorwürfe und Frustrationsgefühlen.*
>
> *Aufgewühlt, aber schweigend ging ich weiter. Es dauerte nicht lange, und ein Satz traf mich mitten in meinem Herzen: «Ich mute dir das zu, weil ich dich liebe.»*
>
> *Das war alles, und es war die Antwort auf alle meine Zweifel und Fragen. Auf meine Ohnmacht hat Jesus mit seiner vollmächtigen Liebe geantwortet. Dieses Erlebnis werde ich nie vergessen, und es trägt mich in dunklen und einsamen Zeiten.*

Nachfolgen heißt, von Jesus zu lernen: Abstand schaffen und einen inneren Raum der Begegnung mit mir und mit ihm öffnen. Das geht nur, wenn wir uns vor uns selber, der Einsamkeit und den verlassenen Orten nicht fürchten.

An diesen stillen «Nichtstun-Orten» kann das Mann-Sein gut reifen – wie die Hefekultur, die in einem geschlossenen Raum das Bier zur Reifung bringt.

Unsere Kultur hat uns unglaublich viel zu geben: Inspirierendes, Herausforderndes und Ermutigendes. Sie ist gleichzeitig kontaminiert mit Viren und Bakterien, die das Herz im Innersten angreifen und verunreinigen. Das Problem sind aber nicht die Kontaminations-Möglichkeiten, sondern unsere schwachen Abwehrkräfte, die für so einen Kampf nicht ausgelegt sind.

So wie das Bier eine Schutzatmosphäre und eine gute und umfangreiche Hefekultur braucht, so brauchen auch wir eine Schutzatmosphäre, in der wir reifen und einen guten Geschmack entwickeln können. Es ist die Hefe, die aus den maximal divergierenden Geschmacksrichtungen ein ausgewogenes Getränk macht: Aus der extremen Süße und der unangenehmen Bitterkeit entsteht ein vollmundig ausgewogen-aromatisches Bier.

So etwas vermag nur die Hefezelle, die verborgen-gegenwärtig im Bier wirkt.

Sehen können wir sie nicht.

Aber ihre Auswirkung ist unverkennbar!

Wer verbindet unsere Extreme, die wir selber nicht zusammenbekommen? Wer kann uns helfen, Wunsch und Wirklichkeit, Sehnsucht und Enttäuschung, Scheitern und Hoffnung wieder zu verbinden? Wer vermag beides miteinander zu versöhnen und fruchtbar zu verwandeln?

Gibt es jemanden, der es besser machen könnte als unser Freund und Meister, Christus selbst? Wie kein anderer überwand er die Extreme von Himmel und Erde, von Leben und Tod, Schuld und Vergebung.

In seiner verborgenen Gegenwart zu sein und zu bleiben,

ist wie das Verweilen der Würze mit der Hefe:

Sie wird verwandelt.

Sie wird besser.

Sie wird, was ihre Bestimmung ist:

Bier!

... UND SEINE BEGLEITER EILTEN IHM NACH ...

Was ist *unsere* Bestimmung? In welche Richtung eilen wir?

Wenn Jesu Vater der Schöpfer ist und uns geschaffen und gewollt hat, dann ist es unsere allertiefste Bestimmung, mit ihm in Beziehung zu treten, bei ihm zu bleiben und uns für die ganzheitliche Nachfolge zu entscheiden. Jesus will unser Begleiter und unser Mittler sein, die Brücke und Versöhnung zu seinem Vater.

Wer Christus erkennt, erkennt auch den Vater.

Das braucht Zeit, körperliche Ruhe und geistliche Fermentation.

... UND ALS SIE IHN FANDEN ...

Wir sind und bleiben suchende Wesen, stets auf der Erkundungsreise nach Glück, Erfüllung und Zufriedenheit. Finden wir, was wir suchen? Oder suchen wir oft gar nicht an der richtigen Stelle? So vieles schreit ja nach Aufmerksamkeit und verspricht uns die Befriedung unserer Bedürfnisse ...

Wie steht es um mich? Habe ich gefunden, wonach ich suche?

Bin ich zutiefst dort gelandet, wo ich sein will?

Wenn nicht: Ist es dann nicht an der Zeit, denjenigen zu suchen und zu finden, der meinen Durst und meine Sehnsucht zutiefst kennt und die lebendige Antwort darauf ist? Jesus ist Manns genug, wenn wir sein Angebot nach Frieden und Glück ablehnen. Das ist nicht der Punkt. Die Frage geht andersrum: Sind wir Manns genug, ihn ganz in unser Herz einzulassen?

... SAGTEN SIE ZU IHM: ALLE SUCHEN DICH.

Wer Jesus in der Tiefe seines Herzens gefunden hat, ist wie derjenige, der die Freude am Bierbrauen entdeckt hat. Er freut sich, er schwärmt davon, er steckt andere an.

Ja, er ist wie einer, der sich selbst gefunden hat und in seiner Freude andere begeistern, inspirieren und anfeuern will. Er ist wie einer, der ganzheitlich unterwegs ist, weil er erleben durfte, wie die Extreme in seinem Leben durch Jesus verbunden worden sind. In ihm dürfen Vollmacht und Ohnmacht jetzt gleichzeitig nebeneinander stehen und fruchtbar zusammenkommen.

Sein Leben verbreitet nun einen guten, vollen, runden Geschmack und wird zu einem Zeugnis, das auf Christus selbst hinweist. Und ihm ist das verheißen, was Jesus seinen Jüngern zusprach: «Ich sage euch das, damit meine Freude euch erfüllt und eure Freude vollkommen ist.» (Joh. 15,11)

MEIN BIER  | **Vertiefung Kapitel 15**

// Wohin will ich?

// Mit wem gehe ich?

// Wer und wo sind meine Referenzpunkte, meine Leuchtfeuer und Leuchttürme in den Stürmen und Wellen dieses Lebens, die mich leiten und auf die ich mein Boot vertrauensvoll hinsteuern möchte?

16

REZEPTE:

FEINES UND BEWÄHRTES AUS DER BRAUKÜCHE

«Es gibt ein unfehlbares Rezept, eine Sache gerecht
unter zwei Menschen aufzuteilen: Einer von ihnen darf
die Portionen bestimmen, und der andere hat die Wahl.»

Gustav Stresemann (1878 –1929),
deutscher Politiker und Friedensnobelpreisträger 1926

HOPFENLAGER

Dieses untergärige Bier ist mit seinen fünf Hopfenbeigaben eine Geruchs- und Geschmacksbombe. Fruchtig, herb und unglaublich erfrischend. | *Menge: 20 Liter*

MALZ

MALZSORTE	MENGE (IN KG)
Pale Ale	2,5
Pilsner	2,3
Summe	4,8 kg

MAISCHE

HAUPTGUSS	19 LITER	
Einmaischen	40 °C	
1. Rast	53 °C	20 min
2. Rast	63 °C	50 min
3. Rast	72 °C	20 min
Abmaischen	78 °C	
NACHGUSS	**15 LITER**	

Hefe:
Untergärige
Lagerhefe

Menge:
20 Liter

Stammwürze:
15 %

#Hopfenstopfen:
25 gr. in einen
Teebeutel zur
Gärung beigeben.

HOPFEN

HOPFEN	ALPHASÄURE	MENGE	DAUER
Saazer	6 %	29 gr	90 min
Hallertau	5,7 %	30 gr	60 min vor Kochende
Haltetau	3,4 %	36 gr	30 min vor Kochende
Crystal	4,9 %	29 gr	0 min vor Kochende

RED ALE

Ein rostrotes, fruchtig-süffiges untergäriges Bier, das man zu jeder Jahreszeit gut trinken kann. Diesem fertigen Bier wird die Marke «High drinkability» zugeschrieben. Kann Mann und Frau immer wieder trinken. | *Menge: 20 Liter*

MALZ

MALZSORTE	MENGE (IN KG)
Pilsner Malz	1,6
Münchner	2,8
Cara-Amber	0,2
Summe	4,6 kg

MAISCHE

HAUPTGUSS	14 LITER	
Einmaischen	35 °C	
1. Rast	55 °C	10 min
2. Rast	64 °C	40 min
3. Rast	72 °C	20 min
Abmaischen	78 °C	
NACHGUSS	18 LITER	

Hefe:
Obergärige Alehefe

Menge:
20 Liter

Stammwürze:
12 %

HOPFEN

HOPFEN	ALPHASÄURE	MENGE	DAUER
Saazer	6 %	60 gr	90 min
Cascade	6 %	20 gr	10 min vor Kochende

DINKEL-ALE

Mal ein anderes Bier, gebraut mit Dinkelmalz. Neben dem gesunden Aspekt liefert dieses Bier einen unglaublich aromatischen Geschmack. Kupferrot ist seine Farbe. | *Menge: 25 Liter*

MALZ

MALZSORTE	MENGE (IN KG)
Dinkelmalz	1,6
Pilsner + Münchner	2,8
Weizen	0,4
CaraHell	0,3
Summe	5,1 kg

MAISCHE

HAUPTGUSS	15 LITER	
Einmaischen	45 °C	
1. Rast	55 °C	10 min
2. Rast	63 °C	30 min
3. Rast	72 °C	25 min
Abmaischen	78 °C	
NACHGUSS	20,5 LITER	

HOPFEN

Hefe:
Obergärige
Alehefe

Menge:
25 Liter

Stammwürze:
13 %

HOPFEN	ALPHASÄURE	MENGE	DAUER
Northern Brewer	15 %	8,3 gr	75 min
Hallertauer Mittelfrüh	8 %	10 gr	5 min vor Kochende

FROMMES HELLES

Dieses Bier ist wirklich etwas für Fromme. Hell, klar und fast erleuchtend, könnte man meinen. In Sachen Geschmack demütig und zurückhaltend, und in der Wirkung trotzdem vollmächtig.
Menge: 20 Liter

MALZ

MALZSORTE	MENGE (IN KG)
Pilsner	4,4
Karamalz (hell)	0,3
Summe	4,7 kg

MAISCHE

HAUPTGUSS	19 LITER	
Einmaischen	50 °C	
1. Rast	60 °C	15 min
2. Rast	64 °C	15 min
3. Rast	72 °C	20 min
Abmaischen	78 °C	
NACHGUSS	14 LITER	

HOPFEN

Hefe:
Untergärige Lagerhefe

Menge:
20 Liter

Stammwürze:
12 %

HOPFEN	ALPHASÄURE	MENGE	DAUER
Hallertauer Mittelfrüh	3,8 %	23 gr	90 min
Tettnanger	4 %	13 gr	45 min vor Kochende
Saazer	3,8 %	22 gr	3 min vor Kochende

WHISKY-BIER

Nein, Whisky ist in diesem Bier nicht als Zutat beigegeben – Whisky-malz hingegen schon. Diese Zutat verleiht dem Bier ein dezentes und zurückhaltendes Raucharoma. Wer es gerne rauchiger haben möchte, fügt ihm die doppelte Menge hinzu. | *Menge: 20 Liter*

MALZ

MALZSORTE	MENGE (IN KG)
Pilsner	3,5
CaraAmber	0,5
CaraHell	0,5
Whiskymalz	1
Summe	5,5 kg

MAISCHE

HAUPTGUSS	16 LITER	
Einmaischen	45 °C	
1. Rast	55 °C	10 min
2. Rast	63 °C	30 min
3. Rast	72 °C	25 min
Abmaischen	78 °C	
NACHGUSS	**19 LITER**	

Hefe:
Obergärige
Alehefe

Menge:
20 Liter

Stammwürze:
13 %

HOPFEN

HOPFEN	ALPHASÄURE	MENGE	DAUER
Northern Brewer	15 %	10 gr	75 min
Hallertauer Mittelfrüh	8 %	12 gr	5 min vor Kochende

WIT SPECIAL

Ein Weizenbier nach belgischer Art mit Orangenschalen und Koriander gewürzt. Sehr angenehm im Sommer zu trinken. Leicht säuerlich im Geschmack. | *Menge: 20 Liter*

MALZ

MALZSORTE	MENGE (IN KG)
Wiener	2
Weizenmalz	0,75
Weizenflocken	0,5
Cara-Amber	0,25
Summe	3,5 kg

MAISCHE

Hefe:
Belgische Weizenbierhefe

Menge:
20 Liter

Stammwürze:
11 %

HAUPTGUSS	15 LITER	
Einmaischen	45 °C	
1. Rast	45 °C	15 min
2. Rast	55 °C	10 min
3. Rast	66 °C	60 min
Abmaischen	78 °C	
NACHGUSS	**15 LITER**	

Als Beigabe zur Hauptgärung:
Die abgeriebene Schale einer Bio-Orange und 7 gr. Koriandersamen (mit dem Mörser zerstoßen) in einen Teebeutel, der bis zum Abfüllen in Flaschen im Gärbottich bei der Hauptgärung verbleibt.

HOPFEN

HOPFEN	ALPHASÄURE	MENGE	DAUER
Citra	12,4 %	10 gr	mit Vorderwürze
Citra	12,4 %	4 gr	60 min
Glacier	5,4 %	12 gr	0 min

17

RECHTLICHES, BEZUGSQUELLEN, DANK UND BILDNACHWEISE

«Gott fürchten macht selig,
Bier trinken macht fröhlich.
Drum fürchte Gott und trinke Bier,
so bist du selig und fröhlich allhier.»

Deutsches Sprichwort

RECHTLICHES

«Die Kunst der Besteuerung liegt darin, die Gans so zu rupfen, dass sie unter möglichst wenig Geschrei so viele Federn wie möglich lässt.»

Jean Baptiste Colbert (1619–1683), französischer Staatsmann, Finanzminister Ludwigs XIV.

Bier enthält Alkohol, und wer Alkohol herstellt, hat sich bitteschön an das Biersteuergesetz zu halten – so verlangt es zumindest der Staat. Als Hobbybrauer darf man 200 Liter Bier pro Kalenderjahr für den Eigenbedarf steuerfrei herstellen. Angemeldet werden muss der erste Brauvorgang trotzdem, und das beim zuständigen Hauptzollamt (www.zoll.de). Hier genügt ein formloses Anschreiben per E-Mail, Post oder Fax, am besten zwei Wochen vor dem ersten Brauvorgang. Vorlagen für das Anschreiben gibt es im WWW zur Genüge.

Man bekommt dann vom zuständigen Hauptzollamt ein Schreiben mit der «Erlaubnis zur Herstellung von Bier als sogenannter Haus- und Hobbybrauer». Jeder Brauvorgang muss protokolliert werden, und die Sammlung der Notizen sollte bei Bedarf einem Beamten der Steueraufsicht jederzeit zugänglich sein.

Folgendes stand als Hinweis auf meiner letzten schriftlichen Erlaubnis:

1. Sie dürfen als Haus- und Hobbybrauer steuerbefreit Bier herstellen, wenn
   - das Bier in Ihrem Haushalt ausschließlich zum eigenen Verbrauch hergestellt wird,
   - das Bier nicht verkauft wird und
   - die hergestellte Menge 2 hl pro Kalenderjahr nicht überschreitet. In nicht gewerblichen Gemeindebrauhäusern hergestelltes Bier gilt als in Ihrem Haushalt hergestellt (§ 41 Abs. 1 S. 2 BierStV). Die Steuerbefreiung gilt auch, wenn mehrere Personen eines Haushalts Bier herstellen, sofern die Höchstmenge von insgesamt 2 hl je Haushalt nicht überschritten wird.

2. Die darüber hinaus hergestellten Mengen unterliegen dem ermäßigten Biersteuersatz von 0,4407 Euro je Hektoliter und Grad Plato nach § 2, Abs. 2 , Nr. 4 BierStG. Diese sind mit amtlich vorgeschriebenem Vordruck (Formular 2075 «Steueranmeldung für Bier im Einzelfall») anzumelden.

3. Als Haus- und Hobbybrauer unterliegen Sie der steuerlichen Überwachung nach § 209 AO.

4. Die mit der Steueraufsicht betrauten Amtsträger können im Rahmen der Steueraufsicht von Waren, die der Biersteuer unterliegen oder unterliegen können, sowie von Stoffen, die zur Herstellung solcher Waren bestimmt sind, oder von Umschließungen dieser Waren unentgeltlich Proben zu Untersuchungszwecken entnehmen (§ 44 BierStV).

BEZUGSQUELLEN

**Sympathischer Hobbybrauer-
Versand aus Bayern:**
www.hobbybrauerversand.de

**«Amihopfen Homebrew Supply»
aus dem Odenwald:**
www.amihopfen.com

Bewährte Brau-Partner:
Hobbybrauer-Shop: www.braupartner.de

**«Brouwland – Make Your Own Beer»
aus den Niederlanden mit einer
umfangreichen Auswahl:**
www.brouwland.com/de

DANK

Mein Dank gilt vor allem meiner Frau, die mir immer wieder den Freiraum fürs Bierbrauen gibt und mir zum kostbarsten Gegenüber geworden ist.

Danke allen OJC-Männern, die die Brau-Seminare mit Leben und Inhalt gefüllt haben und damit die Grundlage für dieses Buch schufen. Insbesondere geht mein Dank an Daniel Schneider, der die geniale Idee hatte, das Bierbrauen mit dem Mann-Sein zu verknüpfen.

BILDNACHWEISE

S. 5: ©stock.adobe.com/Natalya Levish // S. 6: ©stock.adobe.com/Artem Shadrin // S. 8: ©stock.adobe.com/ Romolo Tavani // S. 9: ©stock.adobe.com/Natalya Levish // S. 10: ©stock.adobe.com/tunedin // S. 11: www. unsplash.com/Jacek Dylag // S. 12: www.unsplash.com/Lutz Wernitz // S. 13: www.unsplash.com/Markus Spiske // S. 16: ©stock.adobe.com/Volodymyr // S. 22: www.unsplash.com/FORREST CAVALE // S. 25; 35; 37; 48; 67; 68; 69; 80; 81; 82; 101; 102; 104: Konstantin Mascher // S. 26: www.unsplash.com/Joshua Brown // S. 29: ©stock. adobe.com/Bits and Splits // S. 32: ©stock.adobe.com/sotnikova_vera // S. 35 + 38: ©stock.adobe.com/Fotos 593 // S. 40: www.unsplash.com/pixpoetry // S. 42: ©stock.adobe.com/MoreVector // S. 46: ©stock.adobe.com/pavel siamionov // S. 52: ©stock.adobe.com/artbalitskiy // S. 54: ©stock.adobe.com/1STunningART // S. 62: ©stock. adobe.com/New Africa // S. 64: ©stock.adobe.com/Marina Lohrbach // S. 65: ©stock.adobe.com/Atlas // S. 66: ©stock.adobe.com/Fxquadro // S. 70: ©stock.adobe.com/lassedesignen // S. 74: ©stock.adobe.com/Fxquadro // S. 78: ©stock.adobe.com/kulkann // S. 84: ©stock.adobe.com/Natalya Levish // S. 86: ©stock.adobe.com/ Africa Studio // S. 88; 91+92: ©Nils Jorgensen/Shutterstock.com // S. 92: ©stock.adobe.com/VICUSCHKA // S. 96: ©stock.adobe.com/Brent Hofacker // S. 105: ©stock.adobe.com/DGIM studio // S. 106/107: ©stock.adobe.com/ Yaruniv-Studio // S. 108: ©stock.adobe.com/zatletic // S. 114/115: ©stock.adobe.com/Rawpixel.com // S. 116: ©stock.adobe.com/magdal3na // S. 124: ©stock.adobe.com/Artem Shadrin // S. 128: www.unsplash.com/Pradnyal Gandhi // Foto Rückseite: ©stock.adobe.com/magdal3na // Umschlag U2 innen: ©stock.adobe.com/Studio Romantic // Umschlag U3 innen: ©stock.adobe.com/alexlukin